無力感世代

暫停一下又何妨！我只想好好活著

王雅涵——著

推薦文

改變的力量，來自願意接住自己的那一刻

李家雯（海蒂）（諮商心理師）

嗨，你好嗎？如果有點累也沒關係。讓我們一起來聊聊這種無力，看看它在說什麼，好嗎？

在這個什麼都講求效能的時代，無力感像是一種默默蔓延的現代病。明明科技應該帶來進步，卻讓更多人陷入僵局。更難受的是，很少人願意談它、理解它，或好好陪它。

我和雅涵一樣，都是趴趴走的「行動心理師」；行動的工作看起來能量充沛、活力十足，事實上，我們生活裡更常要面對的，是那種「看似有選擇，卻改

變不了的無可奈何」。而雅涵，總更游刃有餘。換句話說，在面對高度流動的生命型態裡，她更懂得怎麼在無力感中陪伴自己和他人，找到一條可行的路。

《無力感世代》是雅涵寫給這個時代的一封回信。它不逼你振作，也不催你堅強，只是靜靜坐下來，溫柔問你一句：「嗨，你好嗎？」

書中，她誠實地帶我們看見無力感如何一點點地勒住生活，也提醒我們：愛，其實是一種改變的力量。而那份最深的愛，往往來自你終於願意靠近自己、放過自己、接住自己的那一刻。

這是一本練習與自己對話的書，也是陪你走過疲憊的清晰地圖。不是為了快速前行，而是陪你一步一腳印，重新為自己定位。慢慢走，就好！

推薦文

讓這本書成爲你行動的開端

李豪（詩人）

如果躺平了，何不就先躺著讀讀這本書。

L君的二十五至三十五歲，本該是人生中最為發光發熱的時期，或許準確地說，曾經幻想過大人的自己，應當已經走在芳草鮮美的花路上，然而真正抵達了這個年紀，現實卻根本不如所願，日子是期待與失望的周而復始，甚至不明白自己身於何處。眼見上一輩人都在如今他這個階段走入真理，而他唯一最擅長的是浪費時間。

無法想像再過十年的未來，疫病、災難和戰爭如影隨形，儼然能做的、該做的都抵擋不了時代的浪潮，只得沉溺在伸手可及的愉悅上，酒精、網路購物、社群媒體、偶像崇拜，L君說自己是一只破了洞的桶，為了不讓自己空，不得不拚命地灌注。正因為知道自己的人生只有自己有責任，所以在沒有參照物模仿了就能成功的這個世代，該如何走出困境更顯得蒼白無助。

L君並不特別，他是你是我，是所有無力者的縮影。倘若你我心裡仍有一念自己值得更好的生活，那麼這本《無力感世代》即是一種行動的開端。本作雖然同樣無法對任何人的生命負責，但絕對值得一讀，協助我們釐清明明都知道的問題，但根源在哪裡！

推薦文

在世代中找到安心的存在

張忘彤（溝通表達培訓師）

每次 Waha 出書，我都覺得她在打我臉。

收到《無力感世代》書稿那天，我剛好上架了第四集 Podcast，聊的是「躺平」。

這種感覺如果要我說，就是一種厭世，比起說自己很辛苦、很委屈，說「我就爛」反而比較不丟臉。至少這樣別人不會覺得你脆弱，只會覺得你好笑。

但我每次這麼說的時候，就是當我努力了半天，卻發現生活好像沒有變得更好。我只是在社群上展現我美好的一面，但每天都過得好疲憊。

而當我覺得做了很多努力都沒有意義時，她剛好用我教的「忘形流簡報」講了一個兒少的議題，被轉發分享超過了一萬次。這剛好對應到她在書中重寫灰姑娘，說玻璃鞋沒有消失，而是努力留下的證據。而就在那一刻，我忽然熱淚盈眶，原來我沒有被ＡＩ取代，而是用不同的方式在發揮影響力。

所以這本書寫的正是這樣的我們，那些在關係中被忽視、在社會裡找不到位置的自己。我最喜歡她說：「厭世是面對無力感的逃避，一種無聲的抗議。」她理解我們不是不想努力，而是真的累了。

而我也榮幸地出現在本書中，至於在哪，請容我賣個關子。

也許讀完這本書，你不會變成更強的人，但會成為一個更理解自己、也更溫柔看待別人的人。謝謝你願意打開這本書，願我們都能更好的在這個世代找到安心的存在。

推薦文

改變的開始，人生就有新的可能性

陳志恆（諮商心理師、暢銷作家）

當今各年齡層的人們，似乎都處在莫名的無力感之中。不論是為課業壓力所苦的學生族群、初入社會歷練的職場新鮮人、工作家庭兩頭燒的三明治世代，或者獨居的長輩們，這種漫天撲地的無力感，快把人們吞噬。

雅涵精準地分析，無力感來自於對「社會環境」、「關係」與「自我」等三個層面的無能為力。於是，我們可能抱怨職場環境不友善，抱怨另一半不夠體貼，也經常自我否定、自怨自艾，卻似乎改變不了什麼。

和無力感相對的是希望感，有希望就會有動力。在獲得希望感之前，需要對環境、關係及自我重拾掌控感。也就是練習從微小的事物著手，在小處獲得成就感，感受到自己是有能力的。同時，也願意去接受自己能力的極限，並放下那些非自己所能掌握的。

如何轉化無力世代的厭世與疲憊，雅涵這本書提供你找回對生命掌控感的練習，只要你願意翻閱，就是改變現狀的開始，人生就有新的可能性。

推薦文

從困頓中找到力量

陳品皓（臨床心理師）

從事臨床工作多年，當雅涵邀請我為她新書推薦時，光書名《無力感世代》便已經深深吸引我，看完內容架構後，我更是一口答應。

對於人類這種社群生物來說，社會環境、人際關係以及個人內心的狀態，始終與我們的生活息息相關，在它們彼此相互影響的過程中，最終成為每一個人的心理樣貌。而在雅涵細膩的觀察中，這三個要素無疑也成為當代人心中無力感來源的核心面向，這和我們團隊長年服務經驗中的觀察，有著相當深切而直接的呼應。

雅涵以諮商專業的視角，在解構現代人無力感來源的元素之餘，也提供了具體實用的策略，幫助讀者從這種無聲的困頓中找到自我整合的力量。每一個建議背後，都是她對理論精準的掌握與拿捏，搭配現實生活場景的活用，引導讀者在閱讀過程中，透過自我對話與行動練習，重新連結真實自我。

本書以活潑生動的語調，結合扎實的理論基礎，為厭世無力的世代現象提供了新視角。對於想轉化無力感或想理解自己的朋友，我由衷向您推薦。

推薦文

一本陪你走出卡關時刻的書

蔡佳璇（臨床心理師、《哇賽心理學》執行長）

在治療室裡，個案說著「我好廢」，面帶笑容像在講別人的事，語氣輕鬆幽默，彷彿是一種時下年輕人的日常語彙。但語尾的輕聲嘆息，卻隱藏不住背後的疲憊、孤單，還有那種「我不是不想努力，而是不知道努力是否還有用」的無奈。

有時候我們覺得「無力」，並不只是因為事情太難，而是我們一邊掙扎，一邊懷疑自己努力的意義。

無力感不是只有在重大打擊來襲時才出現，它更常滲透在日常生活裡，在那些明明已經很努力卻仍覺得沒用、不被理解的時刻。

雅涵在書中拆解無力感的三大來源，從社會壓力、人際關係到自我認同。除了以心理學角度分析無力感的來源，更將這份情緒的複雜性，描繪得細緻且貼近生活。她談的不只是「怎麼走出來」，而是溫柔地說：「你可以現在還沒走出來，但我們可以一起看看為什麼會卡在這裡。」

本書不僅理解你的痛，也提供實用的自我覺察與行動練習，幫助你慢慢找回行動的力量。很喜歡書中的金句：「無力感不是終點，而是起點。」如果你也曾在社群上貼過 emo 的文字，一邊說著「沒事啦」，一邊又希望有人讀懂你的心，那我想，這本書會是你很需要的那份理解與陪伴。

目次
contents

推薦文

前言

第一章

來自「社會環境」的無力感

第二章

來自「關係」的無力感

第三章

來自「自我」的無力感

前言

從厭世到無力

Rebecca是一位事業有成的女性，她對自己的工作充滿野心，加班是她的日常，身邊的人總笑她是女強人、母老虎。身為高階主管，環境並沒有非常善良，也因為她未婚，壓力和歧視天天發生，在大多數是男性的競爭環境中，她一方面覺得自己再怎麼努力都無法被認可，一方面又感覺沒有可以停下來喘息的空間，只能在物質生活上盡可能滿足自己。就算沒時間吃飯也沒關係，她用賺來的錢租了昂貴的高級房子、買了最新最貴的精品，至少活得閃亮，不會被人看不起。至於帳單是否付得出來，以後再說。

簡慶芬是家中小妹，備受家人疼愛，長大後滿心期待工作成家，嫁給了公司帥氣的主管，生了可愛的孩子。本以為人生就這樣簡單而美好，但內心裡一直和老公的前女友比較，總覺得自己是備胎，也羨慕著網路上獨立自主的女性。後來因為家中長輩生病，她決定離職在家照顧。總是習慣付出的她，卻也時常懷疑自己的努力是否有價值，面對伴侶的情感忽視和不理解，她陷入了想逃離卻又不知如何改變的矛盾情緒。

這兩個故事改寫自台劇《不夠善良的我們》，兩位女主角的人生故事引起大眾的共鳴，很多人都在其中找到自己的影子。當然也包含了無力的男主角，他把事情都做得很好，卻夾在媽媽、女友、太太之中，覺得自己做什麼都沒辦法讓人滿意，也成為別人不快樂的來源。

我們每個人都曾被無力感抓著，一如女強人 Rebecca 從未對任何人承認自己的疲憊，然而每到夜深人靜時，內心的孤單和無助便無可抑制地浮現出來，這是「孤獨的無力感」。而簡慶芬為了照顧長輩而放棄工作，她感覺自己好像失去了價值；她總是默默付出，卻沒人真正理解她的感受，尤其是丈夫漠然的態度，更讓她感到無法呼吸，這是「矛盾的無力感」。

無力感是這個世代習慣的日常

很多人常笑稱自己很厭世，在網路上發著 emo 的文字，但其實我們每個人都努力想讓別人看見自己過得很好，又同時希望被關心。Rebecca 過得不是很好，但簡慶芬看著她的文章充滿羨慕，有一種無力感叫做「看似有選擇實際上無法改變的困境」，當我們愈想掌控命運和未來，卻發現自己的努力總被環境現實所阻礙，亦被刻板印象和主流價值觀給綑綁。在人際關係中，也因著長期扮演固定的角色，當自我價值沒被看見，又無法好好覺察自我情緒並嘗試溝通表達，就很容易陷入自我否定的狀態，在工作、在家庭都被深深的無力感包圍，這似乎變成這個世代愈來愈習慣的日常。

我們是否常感到人生的重擔太過沉重？是否常覺得自己像是小蝦米對抗大

鯨魚，沒辦法表達自己的無奈，只能在職場上有禮貌地面對別人？是否也想躺在床上而不是冒著風雨出門？想要有錢可以和伴旅好好約會，而不是被嫌棄沒有未來？很多時候，我們可能只是想停下來，給自己一個喘息的機會。

我常說，當人的感受和情緒被說出口，似乎就好了一半。或許你曾經夢想過一個更好的生活，但現實就像一個大鍋，無情地把所有美好的期待慢慢熬乾。你努力工作，追尋所謂的成功，但最終得到的卻是一種說不清的疲憊和無力。「厭世」一詞彷彿已成為這個時代的標誌，不少人用它形容自己在工作、學業甚至生活中的疲累感。網路上的「厭世文化」正流行，成為年輕人相互調侃的語言。「厭世」不代表真的討厭這個世界，而是面對無力感的逃避，一種無聲的抗議。

尋找力量，離目標更近一點

厭世和無力感到底有著怎樣的關係呢？

我認為，無力感是一種主觀且真實的感受，當我們感覺到無法改變現狀、無法掌控生活中的人事物甚至自己的時候，它就像一條繩子，慢慢地纏繞我們的心，愈來愈緊，愈來愈無法跳動和呼吸。但厭世像是一種解方，當我們無法面對無力感時，就可以把厭世這條棉被蓋住自己，假裝不在乎，覺得我就爛又何妨，反正久了也就習慣了，定睛在小確幸不也是種正能量？但內心的焦慮與不安並未真正解決。

本書希望傳達的是，無力感不是終點，而是起點。我們可以一起看見內心的無力感，並且慢慢解開這個把我們勒得很不舒服的繩子，正視它並為自己的生命找尋新的方向，得到翻轉現況的力量。這靠的不是意志力或幾句有意義的話，而是一起進入無力感的根源，一起透過文字被理解、被承接，並實際找到力量付諸行動來改變自我。

當我們感到無力，並不是因為我們沒有力量，而是這個力量被無力感這條繩子束縛住了。這些繩子可能是不合理的社會期待、環境與經濟的壓力，或是關係的衝突與過往的傷痕，我將在本書透過三個不同的面向，帶你一起看到無力感的根源，最後找到改變的力量：

來自「社會環境」的無力感：從經濟壓力、職場的不公平到對未來的不確定性，我們每一天都被一股無形的力量推著走，彷彿永遠趕不上時代的步伐，此章將探討我們在面對社會期待時的壓力與焦慮。

來自「關係」的無力感：無論是家庭、朋友還是伴侶關係，當我們無法在關係中得到支持或認同時，無力感就會變得強烈。此章會深入探討家庭情感勒索、單身的孤獨感，以及疫情後人際交流的脆弱性。

來自「自我」的無力感：最後要探討的是對自我認知的無力感。包括內在的衝突、自我批判以及與外界期待的碰撞，往往是令我們感到無力的根源之一。本章將幫助你了解如何與自己和解，並找到屬於自己的力量。

轉化人生無力感：理解不同的無力感來源後，最重要的就是實際找回力量。這裡不會有速成的解決方案，但會提供具體的策略和方法，幫助你慢慢找回自我，重拾生活的掌控感。

這本書不僅要幫助你理解無力感，更希望能夠陪伴你一起尋找力量，一起學習如何面對這些看似無法改變的現實，逐步解開內心的繩結。

這不是一條簡單的路，但每一步的嘗試都會讓我們離目標更近一點。

第一章

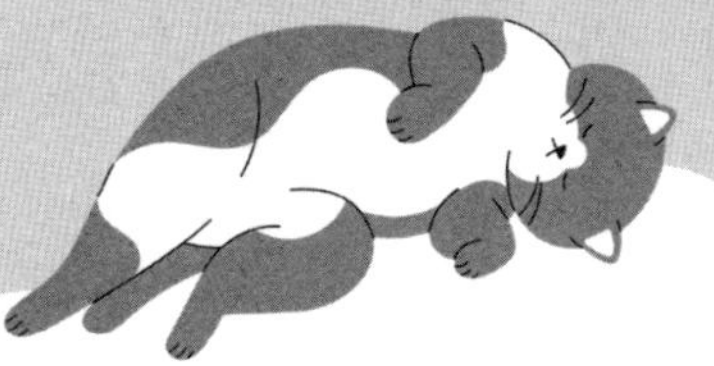

來自「社會環境」的無力感

- 找到真正的夢想，好難！
  ——搞懂自己想要做的事
- 快速變動的不確定性，好慌！
  ——轉換思維，學習永遠不嫌晚
- 沒能自我控制的人生，好無奈！
  ——找到微小的掌控感，塑造更好的價值
- 當「寄託」變調了，好失落！
  ——學會在不完美的世界裡找到健康的寄託

童話故事裡有個漂亮女孩叫仙杜瑞拉，父親過世後，就被惡毒的後母和壞心眼的姊姊叫去做粗活，每天搞得灰頭土臉，被稱為「灰姑娘」，孤單的她只能和小動物們傾訴心情。

有一天城裡的王子將舉辦舞會，邀請所有的女孩參加。後母和姊姊不准她去，讓她非常難過。沒想到出現一位仙女，變出了漂亮的衣飾，讓她去參加舞會，還提醒她要在午夜十二點前離開，否則魔法就會消失。王子被她迷得神魂顛倒，但她得趕在魔法消失前離開，結果匆忙間留下了高跟鞋，卻成為王子尋找她的印記。最後灰姑娘終於和王子結了婚，過著幸福的日子。

這個大家從小就聽過的童話故事《灰姑娘》，其實是一個超級無力的故事。很多人在工作或生活中也覺得自己就像灰姑娘，被逼迫做著辛苦且不合理的工作，沒有人脈可倚靠，只能孤單寂寞地做著白日夢，但張開眼睛，自己仍是個社畜。心理學有個理論叫做「習得無助感」（Learned helplessness），意指個體長期處於無法掌控的環境下，逐漸失去對改變的信念，導致了無力感；這種感覺常見於現代的社會環境中，大多數的我們沒有仙女也沒有王子，面對社會結構的不公平、職場壓力和生活中的不確定性，覺得自己就像是被困在灰姑娘的命運裡，無法掌控自己的未來。

但我小時候聽到的故事不斷強調，灰姑娘是個善良的女孩，雖然生活辛苦，但總是照顧身邊的小動物，所以動物們才請到仙女來幫她。在不公平的環境中，保持善良是一件不容易也不一定聰明的事，但或許她的善良其實是一股強大的力量，她對小動物們的照顧，是支持她面對困境的力量，最終那雙玻璃鞋沒有消失，而是成為王子尋找她的印記。如同我們做過的每一件事，都有它們存在的理由，也會成為未來改變的契機，一點一點地累積，最終必然找到那股可以證明自己的力量。

故事中的灰姑娘有個強大的象徵：她的善良和與周圍世界的聯繫，最終成為她獲得改變的力量。這不是一個被動等待的過程，而是主動面對現實困境的方式。善良與聯繫可以被看做是「社會支持」與「內在力量」的象徵，這是現實生活中極重要的資源。

01

找到眞正的夢想，好難！——搞懂自己想要做的事

有位充滿熱情的朋友曾對我說：「每天叫醒我的，都是夢想，我每天都好期待起床。」聽到他這麼說，我腦子裡出現滿滿的問號，心想：「你有事嗎？我每天只想睡到自然醒好嗎？」我不禁想到，究竟是可以睡到自然醒的人生比較爽，還是每天被夢想叫醒的人生比較爽？這沒有標準答案，但通常是「別人的比較爽」；我們總是羨慕別人、學習他人、想像某人，但其實一定也有人在羨慕我

們，這就是比較，一個可以讓我們往上爬、也可以一蹶不振的魔法。

快樂只能以財富定論？

我從小的夢想之一就是可以睡到自然醒，國中開始我就常常早自習沒到，但我不是那種很混的學生，該做的事情都有做，就只是愛睡覺，所以常接到訓導處阿姨打電話關切。或許正是因為我太愛睡覺了，長大後我很剛好地成為自由接案的心理師、講師，這是一份現在年輕人很羨慕的工作，充滿彈性和自由。但實際做了之後才發現，並不是天天都可以睡到自然醒，甚至很多時候不到六點就得出門。還好我愛睡的技能高超，讓我可以在交通中快速補眠，所以工作時依然能保持好精神。

「睡到自然醒」是我期待的生活，但是這五個字背後的意義，其實是我好想自由地決定自己何時起床，我好想要沒有任何經濟壓力，睡飽後可以做自己想做的事。所以我需要「財富自由」，才可以「睡到自然醒」，然後才可以「做我自己想做的事」。

期待：睡到自然醒。

夢想：做自己想做的事。

目標：財富自由。

這些夢想、期待、目標看起來雖然庸俗，似乎也是大多數人的想法。但每個人都很清楚自己想要做什麼事嗎？我在許多演講場合都會帶大家玩個簡單的遊戲：準備數字一到十的紙卡發給大家抽，每個人看到數字後都要講出一件快樂的事，然後將這些快樂的事進行排序，最後翻開數字卡，看看有沒有成功地從小排到最大。這些快樂的事可能是和伴侶去日本旅遊五天、特休三十天、擁有最新款的 MAC Pro 頂配一台……，但由於各自的價值觀和生活背景都不同，最終只好以「財富」作為標準值，排出快樂的順序。

因為快樂很難定義高低，所以最高分的總是「財富自由」，只有偶爾出現「身心健康」。「財富」變成我們判定快樂最直接、最快速的方法，「追求財富」成了我們最重要的事，卻忽略了什麼叫做「屬於我自己的夢想」、什麼叫做「做自己想做的事」。

當我們沒有真正搞清楚「自己想要做的事」是什麼，當我們沒有想過「什麼事情讓我發自內心感到快樂和滿足」，就會想要抓住那些看得見的所謂的成功，以他人那些看起來很好的狀態，作為自己模仿和參考的依據。

沒有比較，就不容易看出自己的狀態

美國社會心理學家里昂．費斯汀格（Leon Festinger, 1919-1989）的「社會比較理論」（Social Comparison Theory）指出，人在缺乏客觀資訊時，會透過了解別人的狀況和意見來評估自己的狀態。因此，當我們與看起來比我們好的人做比較時，可以分成兩種：一是「能力性比較」，即視別人為競爭關係，比較容易出現負向情緒，例如羨慕、嫉妒、擔憂、焦慮等；另一種是「意見性比較」，就是參考他人的意見和想法，反觀自己的狀態是否合宜或需要調整，較容易出現正向情緒，例如樂觀、激勵等。

這些比較都與我們的心理健康狀態有很大的關係。我常說比較很重要，心靈雞湯會告訴你不要比較，好好做自己，問題是，若非因為比較，又怎麼知道自己到底是怎樣呢？就好比如果沒有身體質量指數（BMI）的標準值，如何知道自己體重過重，以致影響了健康？當我們把他人視為競爭關係，在看見任何社群媒體中具有情緒張力的圖文時（大多是人們精選出來很好的一面，或是用美圖軟體修過的好身材），會讓我們的眼光停留更久，接著產生一些自我內言（self-verbalization）[1]，像是「我要幹掉他」、「我要比他強」，或是「為什麼他過得這麼好而我卻這麼糟」，這些比較都會讓我們離尋找自己的夢想愈來愈遠。但如果能夠吸取他人很好的一面來自我激勵，甚至真實的接觸與諮詢，也許就能看見他人更真實的夢想，進而找到屬於自己的夢想。

在自媒體盛行的時代，當我們參考別人所做的事而欲執行時，可以先停下來思考一下，這真的是自己想要做或是喜歡的事情嗎？如果是，就再去尋找不同的人來參考和自我激勵；但如果從未停下來想過，而是看一個學一個，這種怎麼做也做不好的無力感就會出現在身邊，讓自己看不見個人的價值。

就像此刻的我正在撰寫一本書，也許我正做著一件超級無力的事，因為我很擅長演講，每當拿起麥克風就可以講很多話，而且幽默風趣，上台面對人群對我來說不是難事。但寫字就不是了，一本書要數萬字，光想到就頭痛，然而最終還是要打開電腦面對我的無力感。如果我寫書只是因為身邊的心理師們都在寫書，所以我一定要寫，這個壓力可能會讓我很痛苦，因為我知道自己的能力沒辦法一年寫一本；但我知道我可以一週做一集 Podcast，這不一定是別人做得到的。如果寫書不是我擅長的事，我可以問問自己，真的想要透過書來整理我的知識和想法

1 「自我內言」由美國心理學家唐諾・梅欽保（Donald Meichenbaum）所提出，指的是告訴自己的內心話。

嗎？在答案是肯定的狀態下，我依然可以完成這個屬於我自己的目標，聚焦在我能如何產出一本很棒的書。

找到自己想做的，才能減少無力感

有一種無力感來自我無法做自己想做的事情，但其實這背後真正的無力感，來自我不知道自己想要做的是什麼事，我不知道做什麼事會開心。真的能掌握的大概就是錢了，所以我誤以為我的無力感來自於錢永遠賺得不夠多，只要我把心力放在如何賺錢這件事上，就不用去面對那個不知道自己想要幹嘛的無力感，也不用再羨慕那些看起來很有夢想的人。

要面對這種無力感，也許我們要先做到的是，承認並且相信這世界並非人人都能有遠大的目標和方向，我們不要以此感到羞恥。但我們可以從生活中的大小事去尋找，從中建立價值感與成就感，成為一個能為了夢想而努力付出的人。

《找對夢想》（*Put Your Dream to the Test*）一書中寫道：「上帝會幫助你充分發揮自己的潛力，但祂永遠不會幫助你成為別人。如果你過於關注與他人的比較，和自己的不足，就會忽視自己應該成為怎麼樣的人。」找到自己想做的，而不只是社會的期待，可以讓我們更願意付出努力，減少無力感。

我們可以參考社會比較理論所提出的「向上比較」（和那些比自己好的人比較，藉以激勵自我努力）、「向下比較」（和比自己不好或不喜歡的人比較，給自己鼓勵和借鏡不要成為那樣的人），搭配「同溫層」和「異溫層」，找出自己在找尋夢想時的參考。以我個人為例：

▼同溫層（職業、生活背景與我相近的人）

一、向上比較

（一）視障心理師朱芯儀如何突破看不見的障礙成為心理師，並且能照顧自己的生活起居還到處演講——不抱怨以及轉念的態度。

（二）心理師陳志恆穩定創作出有內容且暢銷的作品，也很好地經營粉專和自己的家庭，而且人緣好，對晚輩很照顧——好習慣養成以及主動建立良好關係。

（三）薩克斯風老師歡歡如何做好自媒體又讓教學線上化，以至於可以去南部讀書卻不中斷工作，持續維持收入來源——學習她的行動力，努力精進不同軟體和工具。

二、向下比較

（一）不斷地在網路上分享自己賺了多少錢或是要帶領別人創業，但其實根本沒有真實在工作的自媒體工作者——領悟到累積真正且長久的實力最重要。

（二）不斷抱怨薪水很少、工作麻煩，卻從未真正關心自己個案的社工——明白要對自己的工作和態度負責任。

（三）活在信仰世界裡，總是高高在上指導別人怎麼做，對自己卻是另一套標準的宗教人士——懂得應該有自信但不自大，將愛與行動付諸於關懷弱勢。

▼ **異溫層（不同領域、不同工作的人）**

一、向上比較

（一）奧運選手們要經歷多少時間的苦練，才能換到代表國家出賽的使命，同時在場上得不斷地穩住心智，才能不受到分數差距的影響——學習他們專注在目標上的努力。

（二）YouTuber 蔡阿嘎拍片多年，從自己單拍到建立一個團隊，把員工當家人，雖然曾經被騙，依然能夠幽默面對、不被擊倒，最後成立社福單位幫助有需要的人——學習他在工作中活出愛的意義。

二、向下比較

（一）詐騙集團與車手們——不要奢求賺快錢。

（二）家暴、性侵、性騷擾他人的人——管理好自己的情緒與欲望。

（三）在別人粉專影片留言謾罵與匿名攻擊的人——提醒自己，真正站得穩的人不用擔心別人抹黑。

當你寫下之後，不難發現這些會讓人想要發自內心向上比較的人，大多不是所謂的超級有錢人，或者有錢只是他的其中一部分，因為比起有錢，看見的是有信念和目標、有眼光和信心、有好的自我價值、有行動力、認真努力堅持、能轉念和正向思維、主動積極不抱怨、解決問題突破框架、好的人際關係，這些都是自己可以努力的方向。當你開始其中一項，你就正走在尋找自我夢想的路上，財富自由就只是附加的而已。

我們可以簡單設定一個不為賺錢的小目標持續做，累積久了就會成為自己的一部分。例如我每週上架一集 Podcast，從自己錄音到朋友聊天，我因為節目關係可以邀約到很多人，而且透過節目更加認識他們。持續了一百多集後就有了主題性的合作，像是幫政府錄節目談失智長輩和青壯年諮商方案。當然有些人一開始錄 Podcast 就是為了賺錢，設定好目標去執行，最後也有了很好的成績。所以只要做久了，總有一天會有屬於自己的時刻，最怕的就是還沒做就先說不可能、沒有、想不到。勇敢地跨出第一小步，就是面對夢想無力感的最大助力！

無力感不是終點，而是起點

夢想需要眼光，夢想需要信心，但夢想也需要築夢踏實，那些難以想像的夢想，那些與你現實差距甚遠、適合別人卻不適合你的夢想，只會讓你感到失落。了解自己擁有什麼，自己可以再累積些什麼，然後將大夢想切割成一個一個小目標，去看見生活中那些令自己開心的小事，你會發現其實並不需要累積財富後才能享受人生，而是現在就可以享受。

回到我一開始的庸俗期待、夢想與目標，稍微修正一下，發現變得更加清晰了。

期待：睡到自然醒——有好的工作，同時也有好的休息。
夢想：做自己想做的事——和自己喜歡的人去不同的地方旅行、看世界。
目標：財富自由——好好理財，不為錢焦慮，甚至能付出更多的給與。

當然，若要更清晰地設定目標，有三個問題可以問自己：

一、我死後希望別人在喪禮上如何形容我和談論我？
二、如果今天是我的最後一天，我會覺得有哪些遺憾沒做到？
三、不考量任何限制下，我會特別想要做什麼事？

也許這些題目可以成為你很好的反思，知名的九宮格思考法也可以成為你找到目標、方向、行動的練習工具，旅美棒球選手大谷翔平與台灣跆拳道金牌選手楊勇瑋便是以此設定他們的目標。

在我們追逐夢想的過程中，來自外界的期待無疑是一股強大的驅動力，然而當這些期待與現實中的限制產生矛盾時，它們同時也會成為壓力的來源，甚至讓自己陷入深深的無力感。無論是社會標準、家庭要求還是對自己的期許，這些因素構成一個複雜的網絡，使得夢想變得既美好又沉重。但無力感並不是終點，反而是尋找新力量的起點。

02

快速變動的不確定性，好慌！
——轉換思維，學習永遠不嫌晚

二〇二〇年，新冠肺炎如同一頭猛獸突然來到這世界，它強迫整個地球停下來，而我們從未想過會有被迫待在家不能出門的一天，被迫不能出國，這個停止鍵對全球帶來很大的衝擊。不可思議的是，我們挺過了這次的病毒危機，又回復到以往的生活，多了疫苗的保護，多了康復後的抵抗力，多了線上工作的經驗，多了什麼事都有可能發生的領悟。

在那段期間，線上課程、線上會議變得非常多，原來我們可以靠著網路與世界連線，省去許多交通時間的成本。而ＡＩ的突飛猛進，只要學會下達正確指令，就能幫助我們快速統整資訊、繪圖製作影片、和我們討論大小事，以往要花很多時間去處理的事情，突然變得可以快速完成。但與此同時，我們也更習慣用網路去了解他人，除了方便快速的通訊軟體，還有琳瑯滿目的社交平台，人與人之間的關係似乎變得很近，滑滑手機就能知道別人在幹嘛，自己也可以透過貼文分享，讓別人瞭若指掌我們的個人狀況。

但這些看似快速、方便的科技與媒體，有沒有可能帶給我們的其實是變動的無力感呢？原本大家一起漫步在街頭，突然間有人穿起溜冰鞋，接著有人開始騎上腳踏車，最後有人駕駛了拉風的跑車，咻地一下就不見了。變動讓我們無法只停留在漫步，我們必須找到屬於自己的工具，而且能跟上甚至超越別人，不然就會消失在洪水之中，被大浪沖走。

改變思維模式，適應快速變動的時代

在這個科技高速發展的時代，變動帶來的是焦慮，而我們似乎失去了與自己對話的時間，無力感愈來愈強烈，彷彿被時代的洪流推著走，卻又無力控制。坊間有愈來愈多書籍教我們要好好休息、好好耍廢，反映出人們對抗世界快速變化的疲憊。然而和那些高喊著要積極向上往前衝的書比起來，現在人們需要學習的反而是慢下來，因為世界變得很快，有時像脫韁野馬，若我們沒有學習控制這個快速感，就會一直處在一個疲累又無力的狀態，沒辦法享受快速為我們所省下的時間，好好地和自己相處。

那麼，不同的族群面對快速變動時，會產生什麼樣的焦慮與無力感呢？

學生族群的變動無力感：身為網路世界的原住民，他們一出生就開始接觸3C，資訊從四面八方湧入。被稱為「過曝世代」的他們具備快速適應技術變遷的能力，能夠熟練地使用最新的應用程式、學習軟體和網路資源。但也因為資訊來源過於龐大，心智的成熟度沒有辦法跟上，常常陷入「信息過載」、「情緒轟炸」的焦慮中。面對社交媒體的壓力和不斷流變的潮流，他們拚命建立自己的獨特性，卻又得盲目跟上那些受歡迎的KOL（關鍵意見領袖），渴望找到屬於自己的定位，但實際上，似乎沒有一個地方可以站得穩。

初入職場者的變動無力感：隨著畢業後踏入職場，發現學校所學只是基礎，未來一切都需要不斷摸索，數位化轉型成為工作常態。年輕人被要求創新有彈性，卻同時又要耐操好用，為了讓自己被看得起，為了能突破代溝，為了自我的前途，他們必須不斷學習和掌握新工具，以保持競爭力。在看似永無止境的技術學習曲線之前，他們不僅擔心自己的技能能否跟上時代，還對職業發展的未來充滿不確定感，似乎沒有被看見的能力就會被取代，沒有足夠的經濟能力就很容易被瞧不起。但大家真的都這麼有錢，生活過得如此爽嗎？這也是許多人在網路世界中的疑問。

職涯發展者的變動無力感：工作多年後，有人成為主管，有人開始創業，有人開始斜槓兼職，但大多數人持續同樣的工作，成為資深員工。無論哪種角色，持續學習新事物和面對新世代的人群都是一大挑戰。管理者除了應對自己的技術焦慮，還必須協助團隊適應變化；一般職員對於自己能否在數位時代保持競爭力感到焦慮；創業者與斜槓者雖然追求多元發展，卻仍無法擺脫對於技術掌握不足的無力感。在資訊爆炸的時代，他們經常陷入過度疲勞的狀態，無法掌握住自己的節奏。

老年族群的變動無力感：智慧型手機、社交網絡、ＡＩ應用等各項新技術的普及，往往讓年長者感到無所適從。由於無法熟練地使用這些工具，使得他們與社會脫節，甚至影響與年輕世代的交流。這種技術上的疏離感，讓老年族群更容易感到孤立和焦慮，與科技發展之間的隔閡愈來愈大。但相對地，如果能好好使用這些技術，也許幫助了年長者面對身體退化、無法出遠門的限制。

這些無力感的核心皆源自一個共同的問題：面對快速變動的不確定性，這除了外部環境的不可控之外，同時也來自對自我能力的質疑。當我們出現「無論自己怎麼努力，都無法跟上社會的變動」這樣的想法，很容易就會在遇到困難時選擇放棄；但如果抱持的想法是「把握更多可以去嘗試和學習的機會」，也許就像衝浪客一樣，反而可以乘浪前行。與其瘋狂地趕上社會變動的速度，不如先建立起自我價值，才有辦法轉化為對抗無力感的勇氣。我們要相信，我們的能力和智慧都是可以提升的。

建立成長型思維，化焦慮為動力

史丹佛大學心理學教授卡羅．杜維克（Carol S. Dweck）的研究指出，人類的思維分成「固定型思維」（fixed mindset）和「成長型思維」（growth mindset）兩種。前者認為人們的能力是與生俱來且無法改變，他們會在表現得很棒的時候才會認可自己的成功，不斷的努力是為了避免失敗，因為失敗等同於是自己能力和智慧的不足。後者則是將失敗視為學習和改變的機會，他們相信能力不是天生的，而是會與時俱進，所以會更願意去主動學習和面對挑戰。

我很喜歡一個思維，即「學習永遠不嫌晚，困境是學習的大門」；也許透過改變思維的模式，就能讓自己不被自我限制住，願意去面對快速變動的幻境，而不只是躺平、擺爛、自我放棄。

一位學美術的朋友曾經很焦慮自己是否會被ＡＩ取代，當公司準備刪減人力時，他知道自己有很高的機率會遭資遣，於是花了一些時間去尋求諮商協助，和心理師討論內在的焦慮和無力感。最後他主動向老闆提出要求，面對公司困境，他深知轉型的必要，可能不需要這麼多美術相關人力，但若能有最新的動畫和影片等自媒體介入，相信一定能帶給公司更多的可能性，因此請老闆給他三個月的時間去學習新東西，他會實際做出成效。結果老闆不但沒有資遣他，還拔擢他成為主管，並給予很多訓練機會。

儘管變化帶來的不確定性令人焦慮，但其實我們可以採取一些積極的應對策略來減少這種壓力。首先，學會過濾資訊是面對資訊過載的第一步，建立自己的資訊攝取規則，避免被過量的無用訊息淹沒。其次，保持終身學習的心態，能夠幫助我們在技術變遷中找到成長的機會，而不是感覺被拋在時代後面。最後，透過與他人建立支持網絡，無論是家庭、朋友或專業團體，都能讓我們在面對挑戰時感受到更多的安全感與穩定感。

在變動的環境下，焦慮的不是只有自己一人，但能夠建立成長型思維的人，就有辦法把焦慮轉化為動力，學習如何適應新環境並擴展能力，從而擺脫無力感，找到屬於自己的發展機會與力量。

學習是永無止境，而每一個困難都可能是成長的入口，這是我們在快速變動時代中應當牢記的心理資源。

03

沒能自我控制的人生，好無奈！
——找到微小的掌控感，塑造更好的價值

你是否常覺得自己無法控制人生，就像是被操控的人一樣，因為擁有的權利不夠多，只能乖乖認命做事。看著那些含著金湯匙出生的成功幸福人士，階級這種東西似乎就是真實存在著，讓他們擁有一輩子不愁吃穿的財富，而有些人則為了下一餐而努力——百貨公司精品店外的街友們，處處新建的豪宅與買不起房的年輕人，成為大都市諷刺的一幅畫。

有句話說：「世界上最公平的，就是一切都是不公平。」每個人都有自己不容易且辛苦的地方，沒有人的生活是十全十美，有錢人不一定有好的關係，有權力者不一定有健康的身心，有美滿家庭的人不一定能夠擁有屬於自己的時間。我們可能都曾經覺得這世界不公平，都曾經羨慕別人所擁有的，但有一部分的人被這種不公平的無力感給綑綁，有一部分的人則因為接受了這種不公平，如同大石頭裂縫中長出的小草，反而長出了屬於自己的樣子。

社畜？還是社寵？

我阿姨家有個名叫 Nancy 的可愛印傭，她在這裡工作已近十年，主要負責照顧病人和做家事。她的個性活潑開朗，與親戚們的感情都滿好。有一次阿姨全家要出國玩，Nancy 就來我家暫住幾天，順便幫忙打掃我家。

我去接她到我家的那天，在捷運上一路聊著，這算是我第一次和她這麼長時間對話。她說在阿姨家真的很好，但她其實沒有放假，也沒有自己的時間出去走走，因為家裡只剩下阿姨，她怕一個人在家會遇到地震、會怕病毒，有很多擔心。由於她來台灣工作很久了，感覺也差不多要回去了。

我內心雖有不捨，但也覺得她真的很辛苦。來台灣這麼久，明明還很年輕，卻要服務著每一個人，也許和其他外傭相比，她的工作可能單純簡單得多，但我相信她也有辛苦的一部分。

我們可以換工作或遠離父母的控制，擁有屬於自己的生活，但對 Nancy 和大部分的外傭來說，這就是她們必須面對的事，沒有什麼時間談權利、談感受、談界限，當然有些過分極端的對待是可以提出更換雇主。然而大多數時候，在一個家裡服務是沒有所謂的家事分工，就是要做，因為這就是工作。

我問她回去後的生活，她說已買地蓋房子，要回去享受人生。之前存的錢都給弟妹生活、讀書，現在他們都有自己的人生了，她只要再存幾年的錢就好，就算沒有家庭和小孩也沒關係，以後也可以請人來照顧她。

有多少人覺得自己的生活就像 Nancy 一樣呢？明明在工作上班，為什麼像個傭人般沒有回嘴的機會？最近有個流行詞彙叫「社畜」，這是來自一九九〇年代日本的自嘲語，指的是員工們會為了企業而放棄身為人類的尊嚴，睡眠、飲食以及與家人朋友的社交都草草了事，拚命賣力地為企業效勞，就像公司的畜生，做牛做馬領死薪水，不是重要角色，就是為五斗米折腰而已。因此，市場上出現許多「脫離社畜生活」的課程，教導大家創業、理財，為自己的人生奮鬥。

那麼「傭人」或「社畜」究竟是中性的形容詞，抑或是一種貶低自己價值的批判？對Nancy來說，我猜想「傭人」就是她的工作，而且是她習慣且接受的生活形式，而她身邊大多數的人也都是如此，所以是很中性的詞彙。但對大多數的台灣人而言，「社畜」一詞充滿了貶義和無力，代表著喪失了自己某個為人的權利，就像畜生一樣，沒有意義，這種不甘為奴但只能為奴的無力感，箇中心酸誰知道呢？有時我會半開玩笑地問那些覺得自認是社畜的朋友：「所以你是豬、雞、羊，還是高級和牛？」即便是社畜，也有不同等級，有些和牛可是過著享受美食與SPA的生活呢！

除了「社畜」，其實還有「社寵」一詞。寵物與主人之間是有感情的，甚至主人甘願成為牠們的「奴隸」（養貓者都笑稱自己是鏟屎尿的貓奴）。那麼，什麼樣的人能成為被重視的「社寵」，而不是勞碌命的「社畜」？關鍵在於自知其價，並且不將自己視為畜牲。與人真誠連結，認真做好自己應盡的職責，提供穩定的情緒支持，才能成為無可取代的夥伴。健康的人際關係，是工作滿意度的重要因素。因此，能夠覺察並適時調整自己在關係中的角色以及是否健康，然後適時做出改變，就變得非常重要。

職場普遍存在的焦慮感

許多人夢想成為老闆，渴望創業或成為自由工作者，好擺脫時間的束縛。然而一旦成為老闆後，可能會發現反而擁有了更多的「老闆」，每一個合作的客戶或顧客都成為自己的老闆，要承擔更多的責任。甚至有了員工之後，還需要判斷這些員工是「社畜」還是能成為夥伴的「社寵」。人際關係是相互的，厭世卻很容易切斷人與人之間的連結，也很容易讓我們把眼光定睛在不足夠的那些東西上，而第一個常被掛在嘴上的就是「薪水好低」、「人生好難」、「我好厭世」。

大學時我在一家社福單位實習，一位剛到職不久的社工是我的學長，我天真地對他說：「好棒喔，你在這裡工作，感覺是個好地方可以一直做下去。」他卻面有難色地回應：「還好吧？薪水不高，我沒打算一直做下去。」那時的我認為，能穩定工作就很棒了，但為何他看起來不開心？後來我準備研究所時，原本實習的單位找我去當社工，我腦子裡想著，希望薪水能比二十二K多一點，來個二十五K應該就很不錯。結果主管說有二十八K時，我覺得很開心，因為比我想像的還多。工作了將近一年的時間，我存了滿多錢，因為沒什麼花錢又住在家裡，現在回想起來，二十二K真是個可怕的世界。

研究所畢業後我開始擔任心理師，大部分的心理師一開始都會在學校擔任正職，薪水約四萬多元，和其他差不多的產業相比，我的確覺得有點低，但因為我不想在學校工作，便嘗試接案，過著有一餐沒一餐的生活，有時候一個月連一萬元都賺不到。慢慢地累積了經驗與知名度，就這樣過了好幾年才趨於穩定。然而到了二〇二五年，大部分要從事心理師工作的畢業生已經不會選擇穩定的正職，而是去諮商所接案，他們經營著自己的知名度，以便成為厲害的行動心理師，我也因此常從年輕一代的心理師口中聽到「對未來好焦慮」、「薪水好低」、「壓力好大」、「好厭世」等話。

這就是時代的變動，各行各樣的每一個人都存在著可能被取代的焦慮，同時內心也保有著想要往上爬的渴望，在現實和目標之間跳躍著，有些人似乎很成功，有些人卻覺得遙不可及，徒留厭世的嘆息。

這樣的現象不僅反映了時代的變遷，也揭示出現代職場中普遍存在的焦慮感。在這個資訊發達的社會，人們很容易透過社交媒體看到他人的成功，卻忽略了這些成功的形象往往經過精心包裝，只展現了最好的一面。當人們將自己的現狀與這些理想化的形象進行比較時，往往感到自我價值的下降和對未來的不確定性，也加劇了對現實的厭世感。

在現實與理想的拉扯中，有些人透過努力不懈和堅持，似乎找到了通往成功的道路，但也有許多人在不斷的比較和壓力中逐漸迷失方向，甚至影響到身心健康。如何在快速的變遷中找到屬於自己的平衡點，是每個人必須面對的挑戰，以心理師這個職業來說，除了不斷提升專業技能、調適心態，應對職業焦慮也是未來持續成長和成功的關鍵。

內心真正的渴望，其實是得到尊重

二〇二四年十月，一起事件在網路上引發許多討論。起因是《看見台灣》導演齊柏林先生的兒子齊廷洹受邀演講，講座前承辦人本來要傳訊息給同事，卻誤傳給他，內容是「靠老爸的餘蔭就能吃一輩子」，這讓他覺得備受羞辱，當場退了講師費後離開，並在自己的臉書上發文。

沒想到媒體大肆報導，大家紛紛討論著，一個願意去公部門演講的講師，一小時只有兩千元真的是功德一件，扣掉交通和準備的時間，根本是佛心來著。但我想，很多領固定薪水的上班族一定也很羨慕自由講師的工作，假設一天平均賺六千元，二十天就有十二萬，一天工作三小時只要動動嘴巴就能領到高薪。帶著這夢幻的濾鏡，羨慕的人會努力進修學習如何成為講師，或是去探討這份工作背後的辛苦是否與想像中有落差，而且對生活中遇到的講師保持尊敬和禮貌；嫉妒的人也許就像這位承辦人員，覺得自己的工作一個月不過四萬元左右，這個年輕人靠爸就能輕鬆賺四千元，隨便講個十場就賺得比自己高，殊不知他的言行反而讓連原有四萬元的工作都沒了，甚至傷害到默默付出的人，也讓自己的愚昧上了檯面。

「羨慕」、「嫉妒」、「恨」這三種情感，對於理解我們與他人比較時可能產生的心理感受，以及這樣的感受如何影響自己的行為和關係，具有重要的意義。實際生活中若能意識到這些情感的區別，就有助於管理它們，避免對人際關係或自我認同造成負面影響。

羨慕——他有的我也想要有：這是一種相對溫和的情感，反映了一個人對他人所擁有的東西心生嚮往，但不包含惡意或敵對的情緒。羨慕往往蘊含一種正向的驅動力，象徵著希望也許透過努力或變化，就能達到類似的高度。然而當這樣的羨慕長期未能實現時，無法掌控的無力感便逐漸加深，可能轉化為更深層次的負面情緒。

嫉妒——他有的我也要有，而且他不應該有：相較於羨慕，嫉妒是一種更強烈的情感，不僅代表個體渴望擁有他人所擁有的東西，更伴隨著對他人擁有這些東西的不滿和不公平感。嫉妒使人心生「為什麼他可以有而我不可以？」的想法，甚至覺得對方不配擁有這些東西。這種情緒源自於對自我控制不足的焦慮與不安，進一步加深了個體的無力感。嫉妒反映出一種對現實的不滿，因為無法掌控自身的擁有，同時又感受到外界的不公平，使得他人的成功或財富，成為自己失落感的象徵。

恨——他有的我要奪走：當嫉妒達到極限時，情感就會演變成憎恨，這是一種極端的情緒反應。此時，個體不僅希望擁有他人所擁有的，甚至可能想要摧毀對方的成就，或奪走他人的財富。這種情感夾帶著強烈的敵意與攻擊性，通常是對無法改變現實的強烈反應。個體試圖透過摧毀他人來重新獲得控制感或力量，這時無力感已轉化為敵意，並表現為極端的攻擊性行為。

當我們一直處在控制與權利的無力感時，其實內心真正渴望的是得到他人的尊重。有錢、有權的人確實可以做很多事，也會有很多人對之畢恭畢敬，一旦位居下位，看到長官來還是得去迎接甚至鞠躬。但事實上，任何人都應該被尊重，然而當我們渴望得到他人尊重與愛戴的同時，卻又以不好的態度對待比自己年輕或資歷淺的人，就算哪天真的得到了嚮往的權利，恐怕也得不到真正的尊重。

不斷的成長很重要，不忘向下給予也同樣重要，如同大樹的樹根，這些給予其實是在替自己建立養分。因此，面對控制與權利的無力感時，必須記得一個核心價值：尊重是雙向的。真正的掌控感來自於內心的成長與對他人善意的回應，而非僅僅追求外在的權利或地位。只要學會在生活中找到微小的掌控感，無論是工作中的小成功、人際關係的連結或對生活的感恩，這些點點滴滴都能累積起個人的內在力量，幫助自己塑造更好的價值，從而在無力感中找到希望，讓黑暗中的迷惘轉變成一片美麗的星空。

04

當「寄託」變調了，好失落！

——學會在不完美的世界裡找到健康的寄託

當我們對任何人、事、物投入愈大的期待，就有可能產生愈大的失望和無力。到後來，也許會選擇封閉自己的感受，因為不期待就不怕受傷害；又或著去尋找那更浩大的寄託，例如宗教、靈界、政治的力量，但殊不知這最後的寄託，帶來的衝擊可能比想像中還大。

你以為的寄託，其實是更深層的失落

二〇二四年底，台灣許多 YouTuber 紛紛站出來，表示自己曾參加過心靈團體，其中包含非常多洗腦且不可思議的課程。結果引發網友熱烈討論為什麼有人會相信這些，但他們也同意，在很多事情無法解決、壓力滿載的情況下，轉向宗教和心靈課程是很多人尋找人生解答的一種方法。

宗教和心靈課程可以提供一種超越個人困境的解答，許多人在面臨失落與無助時，會將自身的苦痛寄託於神明或信仰，期待透過祈禱、儀式來獲得解脫。然而當期望中的奇蹟未能發生時，這份信仰反而成為新的失望源頭，甚至質疑自己的信仰是否足夠虔誠，因為神是看不見的。信仰其實是由許多人所組成，在愛與恐懼的前提下，反而更容易失去界限、失去自我，造成許多人際的傷害。

在快速變遷的時代，那些相信命運或神祕力量的人其實遠比我們想像的還要多，而且時常因為組織的封閉性，讓許多人默默參加不告知他人，最終可能被洗腦而不自知。許多人會依賴占卜、星座、靈性療癒等方式來尋找答案，試圖從無法掌控的現實中找到片刻的安慰，這其實是一種不錯的方法，但過分寄託其虛幻性或過分依賴靈界的使者，可能只會增加無力感，尤其當「命運」的解釋無法改變現狀，深層的失望與不安感就會變得更加強烈。不用說，其中也包含很多邪教團體和疑似詐騙的心靈課程，也許直到真的有機會離開時，回頭看才會發現自己當初是怎麼一回事。

政治和社會運動是另一個常見的寄託形式。許多人會將自己無法解決的無力感，轉向社會層面的集體行動。他們可能把希望寄託於政治領袖、革命性變革或社會正義運動，期待透過這些途徑找到力量與控制感。然而當政治運動失敗或所期待的社會改變無法實現時，這份失落感也會格外強烈，甚至讓人陷入對社會的徹底失望。

這些外在的寄託看似能填補內心的空缺，實際上往往讓人陷入更大的無助與失落。再加上這些寄託其實還有人為的操控，原本你以為自己寄託的是全知全能的神，很有可能是邪教的詐騙；原本你相信擁有這股神祕力量的老師所說的話，後來卻發現他只是個神棍；原本你以為寄託的是改變政治的力量，實際上政治領袖可能背地裡做著相違背的事。倘若我們過度依賴外在力量，企圖藉由它們來解決內在問題，一旦這些寄託崩塌時，我們感受到的失落會比想像中更沉重，甚至開始懷疑所有的信仰和價值；當然也有可能繼續自我欺騙，然後投入更多，以致無法回頭。

有人的地方就不可能完美

我從小在基督教家庭長大，對我來說，宗教是生活的一部分，花了非常多時間和精力在教會生活。但從小到大，確實有非常多的人、事、物讓我對這份信仰感受到情緒，特別是人的部分，因為有人的地方就會有問題。傳統教會對於未婚懷孕、同志關係、性侵害等觀念，似乎和我的價值觀有所落差，許多批判都讓我感受到矛盾，也看見許多朋友在教會受到傷害。所以我花了很多精力去探索並且照顧受傷的人，也時常去觀看邪教相關的影集，試圖了解為何這麼多人願意去相信看不見的神，還無法思辨神職人員的言行，進而遭受到PUA（精神控制）和詐騙。

我相信神是好的，但人不是完美的，所以當我對人感受到失望和無力時，我會試著不把問題與神連結在一起。我可以有權利去和當事人討論或保持距離，向神禱告，尋求安慰或解釋；當然也可以罵神，覺得祂到底在幹嘛，希望祂能透過不同的方式讓我明白這些事情的原因。但很多時候，信仰或靈性團體會禁止人溝通或質疑神和問題，結果人們必須花費更多心力，面對內心與律法自我質疑的罪惡感。

對許多人而言，神與神職人員和信仰群體中的人是連在一起的，甚至許多神職人員刻意如此，藉由教條、恐懼、群體壓力，讓人們聽信他的話，好保持他的地位和影響力。我的好友、也是溝通表達培訓師張忘形說過一句讓我印象深刻的話：「真正充滿愛的地方，你只有需要的時候才會想到；但充滿恐懼的地方，你才會一直需要待在裡面。」有愛的地方，你就會保有你自己，你會有所期待、要求、抱怨、關愛，你會有關係與對話；但有恐懼的地方，你沒有自我，只是滿足別人期待的容器，你會不敢質疑且不斷自我說服。

這麼深層的無力感，我相信每個人的一生中一定都會經歷到，無論是否有宗教信仰。如同前面所說的，任何團體，包括政黨，都有可能會讓你產生這種無力感，因為有人的地方就不可能完美，但偏偏我們都對某些群體抱持著錯誤期待和寄託。

透過一些對於宗教（包含邪教）的手法整理，也許當我們因為自身的無力感而尋求心靈寄託時，可以更清楚知道有哪些需要注意的地方，而這同樣可以應用到任何團體（包含政治），透過思辨進行判斷。

一、精神寄託與歸屬感

他們會創造一種強烈的社群感，讓成員感覺到被接納、被愛護，並相信自己加入的是一個「特殊」的群體，與外界的「凡人」不同。這種歸屬感對於那些感到孤立或失落的人來說，特別具有吸引力。領袖會透過集體活動、祈禱會等手段，讓信徒覺得自己與這個群體緊密相連，無法割捨。

紀錄片《以神之名：信仰的背叛》（*In the name of God: A Holy Betrayal*）中揭示了非常多的邪教，讓人不可思議為什麼可以容忍性侵、暴力、自殺的事情發生，甚至這些受害者根本也是加害者！當你離領導者較遠時，可能就看不見他的真面目，可是一旦投入一切，成為宗教中的重要角色，就算有問題，在身心靈被操控和隔絕的狀態下，也很難真的發現問題。

二、對未來的承諾與控制感

邪教團體通常會給信徒一個理想化的未來承諾，讓他們相信只要遵守教義，就可以脫離現實中的痛苦，甚至擁有掌控命運的力量。這對於那些面對生活無力感或感覺受到社會不公平待遇的人尤其具有吸引力，因為他們渴望一個能改變現狀的管道。

Netflix有一部搞笑劇叫做《脫線神話》（*Kaos*），演出希臘神話的不同角色，還有堅信神明的人們。劇中用誇大手法演出神明的淫亂和荒謬，但同時也看見人們是如何為了神所規定的一切而自我犧牲，像是割掉舌頭、獻祭、殺掉自己的孩子等，為的就是希望可以輪迴轉生。直到有一天，死去的人在陰間發現這個騙局，決定返回人間告知人類。但你付出了這麼多努力才相信一個騙局，有時候繼續自我欺騙或許還輕鬆些。

三、神祕感與特殊知識

宗教常常強調擁有一些外界無法理解的神祕知識，讓信徒感覺自己被賦予了特權，能夠接觸到一般人無法理解的真理。這種「隱藏的真理」讓信徒感到自我價值提升，也加深了讓他們對領袖和教義的盲從程度。

在電影《周處除三害》中，作惡多端的陳桂林發現自己只是其中一名通緝犯，希望可以透過除掉其他壞人，效法周處而為自己留名。已經沒什麼希望的人生，卻因為碰到尊者而有了翻轉，甚至疾病得以治癒，讓陳桂林從大惡人變成善良的宗教成員，直到最後發現這一切都是騙局，於是對教主和成員大開殺戒。當他一個一個開槍的同時，他給每個人機會選擇離開，但很多人寧可死掉也不相信自己所信的是假的。許多宗教都有著為主殉道的故事，但究竟你是為何而死？這個人真的是你的神、你的教主嗎？你所謂的真理，真的大過自己的生命嗎？這是很值得深思的問題。

四、心理操控與孤立策略

很多宗教傳福音有很多策略，例如對新進成員給予過度的關愛與支持，讓人感受到極大的接納與包容。然而隨著時間推移，邪教會逐漸孤立信徒，切斷他們與家人、朋友的聯繫，讓他們完全依賴社群和領袖。這種心理操控會讓信徒感覺到，如果自己離開將無所依靠，這也是為什麼很多人即使發現問題，仍然難以脫離的原因。

韓國紀錄片《為魔起舞：TikTok 網紅異教大解密》（*Dancing for the Devil: The 7M TikTok Cult*）便是描寫這種狀況。內容是許多抖音網紅一起加入教會的經紀公司，無論生活、信仰、工作都綁在一起。但因為有人的父母感覺到不對勁，便進行調查。後來有一群人成功離開，也發現自己過去被洗腦，但還是有一群人繼續待在組織中，並深信這裡是真正有愛的地方。

事實上，就算不是邪教，很多宗教團體也會在一開始，透過很多活動讓人感覺到愛與包容，然後漸漸出現許多要求。當人們投入了大量時間、經歷和金錢，由於生活圈都是共同宗教信仰的人們，便很容易失去說真話的可能。

五、懲罰與恐嚇

邪教通常會利用恐懼來控制成員。他們會不斷強調，若有人質疑領袖或教義，將會受到嚴厲懲罰，甚至遭到來自神的報復或得不到神的祝福。這種恐懼心理讓成員無法輕易逃離，加上同儕的情緒壓力接踵而來，與其思辨，不如乖乖跟著做，因為他們害怕後果。因此，若要辨別一個團體或組織是否為邪教，通常可從他們是否能討論和接受批評作為判斷的依循。

六、精神控制與經濟剝削

一些邪教領袖會利用精神控制和情感操縱來掌控成員的心智，讓他們失去自我判斷的能力，變得對領袖言聽計從。經濟剝削也常常與此同時發生，信徒被迫捐獻大量財產，甚至將個人自由交給領袖，讓他們完全掌控自己的生活。

給予和奉獻是宗教中很常見的行為，然而若是遭到有心人的操控，「權」和「錢」往往因此改變了一個人的心性，一如印度電影《真相守護者》（*Maharaj*）說到的：「大師指點迷路的人，但萬一大師自己迷路了呢？有權力的地方就會有剝削。」

許多團體透過這些手法，讓成員深陷其中，難以自拔。而這些領袖就是利用人們的無力感，把對外界的失望與空虛轉化為對教義的絕對信任。這種精神上的依賴使得人們無法輕易離開，因為會失去所有的「依靠」。無論是宗教、靈性信仰還是政治運動，當人們賴以支撐的力量開始瓦解時，心靈就會陷入極度的失落感與空虛，因為曾經全心全意地投入，最終卻換來深深的背叛與無力，人生像是失去了方向。然而，這也正是重建自我力量的重要契機。

別讓你的心智被綁架

二〇二五年，YouTuber 錫蘭 Ceylan 製作了一支兩小時長的影片「你的心靈不需要課程」，闡述ＬＧＡＴ心靈成長課程三階段的可怕操控。它不是宗教，卻用課程來包裝，並且不斷地透過人拉人的方式來壯大。過程中有許多彼此的攻擊和謾罵，非心理專業的老師會利用參加者的創傷來打壓他的自我，並利用長時間的課程（包含不准上廁所），讓人身心靈達到崩潰狀態，最後再施與一些獎賞，讓參加者的情緒像是坐雲霄飛車一樣。這種「施壓—獎勵」機制導致很多人因為多巴胺增強，被迫進入「躁」的狀態，也就是感覺自己很好，像是體驗到了從未體驗過的世界。

許多參加者回到真實生活中之後，也有很多好的改變，所以願意投入更多金錢到下一個階段，並邀請更多朋友加入。這裡聽起來似乎沒有問題，但過程中非專業心理師所帶出的傷害和創傷卻被自動忽略，那些受不了而離開的人遭致各樣的貶低，而繼續留在其中的人則愈陷愈深，除了貢獻自己的財富，也可能成為傷害他人的一員。

心靈成長團體中最大的爭議點，就是「對於團體的未知」。當親友邀你參加一些團體時，在對方未清楚說明的狀態下，你看似只是去參與，但其實是一種非知情同意的行為，因為你並不知道會被操控，尤其以為自己很理智且有自主權時，卻不一定能逃過邪教組織專業的操控。這如同溫水煮青蛙，循序漸進地進行，在各種情緒情起伏過大、壓力滿載的狀況下，人們真的會無法分辨是非對錯。在美國心理學家瑪格利特・辛格（Margaret Singer, 1921-2003）的著作《我們之間的邪教》（*Cults in Our Midst*）中，她提到思想改造有六項條件：

一、維持成員對事情發展的無知。
二、控制成員的時間以及環境。
三、有系統地建立無力感。
四、打壓舊行為和態度。
五、注入新行為和態度。

六、用閉合邏輯阻斷批評和獨立思考。

人們之所以會參加邪教或心靈成長課程，不是因為他們笨，而是因為自己的各種內在問題與無力感（團體中會不斷激發人們的無力感），然後剛好遇見了邀約的人，而這些人非常積極，卻無法告知真實可能會發生的事，以至於人們沒辦法有足夠的力量去分辨和拒絕。與其謾罵邪教組織的參與者，不如更多地關懷身邊尚未參加或預備加入的人，提供更多正確的知識和分辨技術，才能避免失去生命的自主權。

我們每一個人都不保證自己是否有可能參與邪教，但生活中遇到困難時，不妨試試下列方法，一定幫助自己度過。

一、重新建立自我連結：我們時常將過多的期待寄託在外在力量上，以填補內心的空虛。當這些外在力量崩塌時，反而成了提醒我們需要重新尋找內在力量的機會。與其一味地依賴外界，可以試著回歸自我、與自己對話，思考自己真正需要的是什麼。宗教可以帶來內在的穩定感，但終究得要來自內心深處的理解與接納才行。

二、學習接受不完美：外界的力量和人際關係總是充滿變數，無論是宗教領袖、政治人物，甚至是最親近的人，都可能令我們失望。學會接受這個世界的不完美，並非要放棄希望，而是要在不完美中找到自己的力量和自我價值，並且調整期待與面對罪惡感。能夠理解這一點，無力感就不再是一種枷鎖，而是成長的契機。

三、建立適度的距離：許多宗教或團體會利用「恐懼」來操控人心，因此保持適度的距離，避免過度投入，並保留獨立思考的空間，至關重要。不過身處團體之中，要保持清醒並不容易，我們唯有看清這些「寄託」背後的操控手法，才能逐步找回主導權，重新掌握自己的選擇與生活。知情同意是建立健康關係的關鍵。如果你發現某個團體充滿未知，似乎有許多不能說的祕密，即便理由聽起來像是「保護他人隱私」或「維持純粹的體驗」，都值得你停下來思考，審慎評估這樣的環境是否真正符合你的自由與安全。

四、尋找更多元的支持系統：我們不必只依賴單一的外在寄託，透過像是讀書會、心理諮商、運動團課等多元支持系統，也能幫助我們在不同領域中找到慰藉與力量，減少對單一來源的過度依賴。這樣的多元支持能夠有效緩解當某個寄託崩塌時帶來的失落感，並讓我們在危機中找到新的力量，例如遇到人生卡關時，心理諮商就是一個很好的方式。

五、自我覺察與反思：面對失落的寄託，我們常會陷入一種「全或無」的思維模式，認為所有信仰與價值觀都是錯的。然而透過自我覺察與反思，就能在這些信仰或價值觀中找到對自己仍然有益的部分，將過去經歷作為學習與成長的機會，如此才能在過程中重新獲得力量，而非一味地被無力感吞噬，活在創傷與罪惡感中。

當我們能夠承認無力感的存在並且勇敢面對時，才有機會從中獲得解放，並學會在不完美的世界裡找到健康的寄託，找回自己的力量。解決人生的難題絕對沒有特效藥，如同減肥一樣，最終目的是建立健康的飲食習慣，而不是快速變瘦然後失去健康，還花費了昂貴的金錢。雖然宗教、靈性、政治的參與常常可能帶來快速的改變，甚至激發許多動力和價值感，但當激情退去，個人究竟是變得更好，還是變得有些恐懼或疑惑，自己和家人朋友的關係是否因此而疏遠，這些都是自我反思的一部分。

第二章

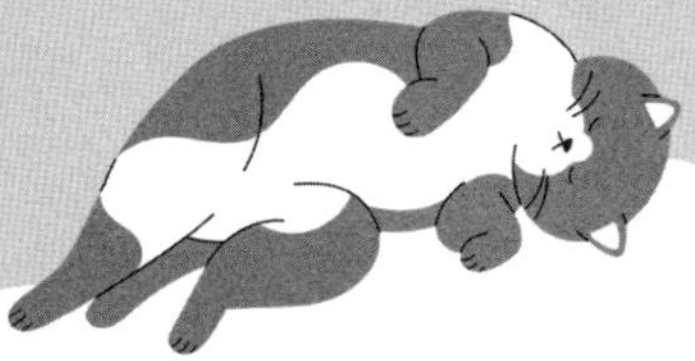

來自「關係」的無力感

- 在愛與被愛中掙扎
  ——停下來審視自己，重新找到愛的力量
- 剪不斷理還亂的歸屬感與情緒勒索
  ——自我覺察，設定一個健康界限
- 虛擬關係的脆弱與焦慮
  ——回歸真實人際，不讓網路主宰人生

《聖經》中有個故事，耶利哥城有個名叫撒該的人，非常富有，卻很不受歡迎，因為他是稅吏長，被視為是背叛同胞、為羅馬政府壓榨百姓的人。他的地位和行為使得人們厭惡他，甚至刻意疏遠他。他孤單地生活在自己建立的財富堡壘裡，彷彿隔絕於整個世界之外。

有一天，耶穌來到耶利哥，群眾簇擁在街道上。撒該想看看耶穌，但因為身材矮小，無法在人群中看到任何東西，於是他爬上前方一棵桑樹，俯瞰耶穌經過。或許他從未想到耶穌會抬頭看見他，並對他說：「撒該，快下來！今天我必須住在你家。」這一聲呼喚讓所有人很驚訝（甚至謾罵），也讓撒該感到措手不及。當天，撒該接待了耶穌，並承諾會將自己的一半財富分給窮人；若曾欺詐過誰，就還他四倍。

我小時候聽了這個故事覺得很奇怪，一個小氣又討厭的人，為什麼會因為耶穌的一句話就突然大改變，這完全沒道理。長大後才發現，也許《聖經》裡只是簡單記錄這個故事，但當天很有可能是因為撒該長年受到他人批判，非常不快樂，卻發現有人居然願意多看他一眼，而且不顧眾人眼光和批評，讓他感受到自己是特別的，因此他就改變了。

許多解經的學者會說，耶穌的接納和愛讓撒該找到自己全新的價值，不再被過去的行為所定義，而是開始一個嶄新的生命。但如果以一個真實的角度來看，改變很少會發生在一瞬間，因為一個人如何看待自己，和身邊的重要他人有很大關係，愛與被愛建立了「我是誰」。

在心理學中，美國心理學家亞伯拉罕．馬斯洛（Abraham Maslow, 1908-1970）的「需求層次理論」（Maslow's hierarchy of needs）提到，歸屬與愛是基本需求之一，但被社會排斥會導致孤立感與自我價值的喪失，就算擁有再多財富，也一樣不會感到快樂。撒該經歷的孤獨與無力感，因為耶穌無條件的接納而得以轉化，讓他有機會修復與周圍世界的聯繫。

現實生活中，許多人因個性、行為或社會地位而感到被孤立，甚至自我懷疑，像是「沒人接納真實的我」、「我不可以讓別人發現我的真面目」這類心聲，往往成為人際無力感的核心。但撒該的故事提醒我們，接納與改變的力量可以來自無條件的愛與理解，無論來自他人還是我們對自己的寬恕。

撒該的蛻變啟示我們，「愛」可以是一種改變的力量，當我們願意接納自己或他人，甚至是一個微小的行動，都可能成為打破人際隔閡的關鍵。這種連結的力量，能幫助我們在看似無助的關係中找到新的可能性。

05

在愛與被愛中掙扎
——停下來審視自己，重新找到愛的力量

只要是人，都喜歡被愛的感覺，這份愛可能來自親人、愛人、友人，抑或是陌生人，其中親密關係的愛與被愛，更是自古以來的難題。戀愛讓人感到開心幸福，但也可能帶來極大的痛苦和打擊，我們時常在依賴、控制與期待之間來回擺盪，成為人生中最深刻卻也最矛盾的體驗，這種掙扎常源自於對關係的需求與不安全感。

當兩人（甚至有些關係不只是兩人）相遇在一起時，必定在不同的事件上更多地了解彼此，愛與被愛是成長與改變的契機。一個健康的關係，是讓彼此在關係中都可以舒服做自己，但現實是，關係絕不會永遠如童話故事中美好。當彼此一起度過問題，便會看見關係的成長，但也有很多時候選擇把問題遮住、把問題丟給別人、把無力感壓到最底下，看似沒問題的關係就像活火山般充滿不確定，總有一天會爆發，這也帶來恐懼與不安全感，加速惡化彼此的關係。

不健康的關係猶如身體的腫瘤

二〇二四年有一齣很紅的台劇叫《影后》，獲得很多心理師的熱烈討論，我想用一小段劇情談談愛與被愛。

劇中女主角（老薛）曾是一位厲害的演員，因為支持導演老公的事業，退居幕後成為製作人，幫老公打點所有事情。但老公最後外遇年輕的演員（艾瑪），因為覺得自己什麼都做不好，只有艾瑪看見他的好。

劇中導演因為沒有厲害的作品而感受到自卑與無力，一直想要證明自己的厲害，而看不見老薛對他的愛和包容。過程中老薛認真努力把事情做好，許多心理師認為這也許是一種自卑反應，因為他們交往過程中不斷地分手、復合，以致老薛在關係中害怕自己被拋棄，害怕自己沒有價值不重要，所以她必須把自己變得很厲害來滿足這一切的照顧，甚至犧牲自己的渴望去配合另一半，把自己的開心快樂交付另一半手上而不自知，最後漸漸造成關係的失衡。

關係是共好的，很多時候不得不幫別人擦屁股，成熟的老薛更早看到後面會更辛苦，所以跳出來解決問題。這種不得不做的無力感，卻也讓導演無法真正面對問題和成長，無法意識到自己是需要改變的，無法意識到愛需要責任，更無法意識到自己是被愛的，也就失去真正愛人的能力。

很多人說外遇不一定是真愛，是一時的意亂情迷，如果還愛對方就該找伴侶好好談談。但外遇是長期關係不健康後長出的腫瘤，不嚴重時也許可以切除並改善（諮商），很嚴重的時候只能接受化療，延緩惡化，並做好死亡的可能（關係結束）。只不過對彼此來說，永遠不知道什麼代表「嚴重」、什麼叫做「是否還有愛」。

因此，我把親密關係的主要困境分為「愛的需求」、「關係中的困境」、「未來的不確定性」三個層面，其中的各種無力感或許你我都曾經歷過，但唯有停下來並看見自己的無力感，才有辦法重新找到愛的力量。

▼愛的需求——渴望愛與被愛

一、過度付出卻得不到回報的無力感：你是否曾在一段關係中不斷付出，卻覺得自己的行為漸漸變成「理所當然」？你努力滿足對方的需求，但似乎無法換來對等的愛與關注，這種無力感常讓人感到失落與挫敗，甚至懷疑自己的價值。

情緒反應：失望、挫敗、悲傷、孤獨。

行為結果：持續過度付出，期待有一天被看見，或乾脆選擇冷漠與疏離。

改變的小方法：分辨責任歸屬，學會適度收回自己的投入，試著把對方的責任交還出去。

對自己說：我的付出是值得受到尊重，愛不是單方面的努力，而是雙方的互動。試著相信別人，練習表達自己的需求，讓對方為我付出，這樣的關係才是平衡的。

二、害怕被拒絕而不敢表達需求的無力感：你是否不敢表達內心的渴望？因為害怕被拒絕，擔心對方的反應，便把真正的需求藏在心裡，假裝一切都好。這樣的情緒壓抑久了，愛情可能變成一場無聲的掙扎。

情緒反應：焦慮、不安、自卑。

行為結果：壓抑需求，過度討好，甚至遠離親密關係，避免受傷。

改變的小方法：寫出「如果說出內心想法與需求」可能會有哪些結果，排序一下從最差到最好，然後嘗試表達，會發現其實不是所有的結果都會達到最嚴重的狀態。

對自己說：說出需求是建立健康關係的開始，拒絕不代表失敗，而是開啟對話的機會。也許表達自己的想法會有很多不好的事情發生，但也有可能事情沒有比「想像中」可怕。

三、被忽視、不被理解的無力感：在關係中是否常感到自己說的話未被聽見？即使努力表達，對方卻總是無動於衷，讓人覺得孤單。這樣的孤獨感，可能比單身更令人心痛。

情緒反應：被冷落、憤怒、無助。

行為結果：情緒爆發，冷戰，對關係失去熱情，甚至選擇退出。

改變的小方法：冷戰是很傷害關係的行為，也是無力感下的被動攻擊，練習用「我訊息」[2]表達，讓關係回到正常溫度。

對自己說：表達真實的情緒需要勇氣，我的感受值得受到重視與回應。關係需要時間和空間，彼此冷靜不代表冷漠，這考驗我們對關係的安全感。

▼關係中的困境——愛中的掙扎與痛苦

一、他不懂我的無力感：有時候是否覺得對方根本不了解自己的想法與感受？即使你已經解釋無數次，誤解依然層出不窮。這樣的無力感，彷彿你在關係中成了孤獨的旅人。

情緒反應：沮喪、疲憊、心灰意冷。

行為結果：逃避溝通，累積怨懟，最終可能選擇結束關係。

改變的小方法：把對錯放一邊，想想如何說話會讓結果變好，學習重新理解對方的語言與自己表達的方法，嘗試詢問專業的第三人或伴侶諮商。

對自己說：愛不是全然的理解，而是願意不斷地學習和成長。「請、謝謝、對不起」有時候比「我愛你」更重要。

二、界限模糊的無力感：當你總是無法拒絕對方請求，或無法堅守自己的界

2 「我訊息」是一種著重於表達自己想法而非指責對方的溝通方式，包含「感受」、「事實」、「期待」三要素。

限時，是否感到自己慢慢被耗弱？失去界限的關係往往讓人失去自我，成為他人的「專屬工具人」。

情緒反應：厭煩、疲憊、壓力大。

行為結果：不敢拒絕，過度妥協，導致情緒失控或突然爆發。

改變的小方法：花時間想想自己有什麼原則希望他人尊重，當你開始建立原則，別人也才有辦法練習給予尊重。

對自己說：設立界線是對自己與對方的尊重，讓愛更健康、持久。拒絕事情不代表拒絕你這個人，這種安全感是需要練習的。

三、被依賴過度的無力感：當對方將你當成唯一的支柱，是否讓你有種被壓得喘不過氣的感覺？這樣的依賴可能來自愛，但也可能成為一種無形的枷鎖。

情緒反應：壓力大、窒息感、疲累。

行為結果：總是承擔過多責任，或開始疏離、逃避對方。

改變的小方法：培養對方獨立性，慢慢結交朋友與生活的多樣性，同時也可以鼓勵對方接受諮商。

對自己說：我們不是彼此的心理師，而是一起成長的夥伴。

四、無法原諒的無力感：曾經受過傷害卻無法釋懷，是否讓你不斷在情感中掙扎？原諒不是一個輕易的選擇，但不原諒卻常讓人背負沉重的情感包袱。

情緒反應：憤怒、怨恨、受傷。

行為結果：反覆爭執，關係冷淡，情緒持續在舊傷中打轉。

改變的小方法：受傷後需要時間修復，如果發現自己力量不足，可以和心理師聊聊或閱讀心理相關書籍。

對自己說：釋懷並不意謂著原諒對方，而是釋放自己，讓過去不再控制未來，但這不容易，雙方都辛苦了。

五、身分困惑的無力感：在愛裡，你是否曾經迷失自我？想要扮演對方或社會喜歡的樣子，卻漸漸變得不認識自己。這樣的無力感，讓愛變成一場失去自我的冒險[3]。

情緒反應：疑惑、失落、迷茫。

行為結果：犧牲自我，壓抑個性，最終可能產生自我懷疑、認知失調。

改變的小方法：認識自己需要非常多時間，可藉由參與不同團體來建立連結，尋找支持與理解的朋友或專業人士，逐漸與自己的身分達成和解，減少社會壓力的影響。

對自己說：我的真實身分值得被接納，無論外界如何評價，最重要的是，我能真誠面對自己。

▼未來的不確定性——愛的選擇與抉擇

一、對未來的不確定感：你是否曾擔心這段關係有沒有未來？對未來的迷茫，讓愛變得充滿不安，像一艘在海上漂流的船，隨時可能觸礁。

情緒反應：焦慮、徬徨、不安全感。

行為結果：過度擔憂，反覆確認對方的愛，甚至產生控制欲。

改變的小方法：專注當下，培養彼此的信任與支持，同時增加自我多元的興趣和生活，不把另一半的大小事當成自己的全部。

對自己說：未來是未知的，但當下的努力會成為未來的基石。當我們愈害怕焦慮，事情就愈會朝著我們想像的方向發生。改變就從想法開始。

二、無法結束的無力感：明知道這段關係讓人痛苦，卻總是無法真正放手？離開需要勇氣，而情感的糾纏與現實的考量，往往讓人難以走出一段錯誤的愛。

情緒反應：矛盾、掙扎、焦慮。

行為結果：拖延分手，反覆復合，陷入無止境的情感輪迴。

改變的小方法：讓自己在關係中的時間與精力漸漸淡出，把目光更多地看向

3　以深櫃同志為例，社會對性少數群體的期待與刻板印象，常使人難以坦然面對自己的真實感受，甚至在某些情境下，不得不隱藏自己的身分，以維持與他人的關係或避免遭遇歧視與排斥。

其他興趣和活動，面對現實，做出尊重自己與未來的選擇。

對自己說：結束一段錯誤的關係不是失敗，而是勇敢，是對自己與對方的真正負責。

三、無法走出過去傷痛的無力感：過去的創傷是否成了你心中的一道深淵，讓你在新關係中裹足不前？過去的陰影不會隨時間自動消失，唯有面對與修復，才能重新找到愛的力量。

情緒反應：痛苦、恐懼、孤立。

行為結果：抗拒新關係，築起心牆，無法再次信任他人。

改變的小方法：尋求專業諮商協助，或是參與不同的團體與社群，重新和不同的人們建立簡單的關係，慢慢地搜集愛的力量。

對自己說：過去的傷害不會是永久的，只是需要時間，慢慢來可以的。

愛與被愛中需要看見自己，面對恐懼

面對自我無力感時，重拾內在力量是一個需要勇氣與行動的過程。在愛與被愛中，我們需要看見自己，並且面對恐懼。愛不是只存在另一半身上，而是一直在我們身邊，只是我們需要有力氣去看見。

最後總結一些小方法讓大家參考練習：

一、重建自我認同

行動策略：寫下自己的核心價值與人生目標，並定期檢視進度。

心理練習：練習每日反思，寫下「我今天做得好的三件事」，並且給予自我鼓勵。

二、發展情緒調節策略

行動策略：花一些時間讓自己安靜休息，特別是在資訊爆炸、網路成癮的時代，做一些讓自己能安靜的事，例如散步、運動、打掃、聽音樂。

心理練習：記錄日常情緒變化，並標記引發情緒的事件，增進自我覺察。

三、培養自我效能感

行動策略：設定可達成的小目標，完成後記錄成功感受，逐步增強自信。

心理練習：記下每一個值得驕傲的成就（小事也要記錄），甚至分享給他人。

四、尋求支持系統

行動策略：主動參加感興趣的團體活動，擴展人際圈，獲得情感支持。

心理練習：每個月都要有和伴侶或朋友專屬的約會時間，表達真實情緒，維持情感聯繫。

愛與被愛的無力感是人生中的必然體驗，但它並不代表終點。每個行動和持續的自我探索，可以一步步地幫助自己找回內在力量，成為生活中更有韌性與希望的人。每個人生活中所發生的故事都是獨一無二的，我們都是自己故事中的主角，真真切切感受到一切的悲歡離合，但同時也擁有故事的最終掌控權，那些看似無法解決的難題，終有一天會改變，如同道路走到盡頭，終究需要轉個彎。

06

剪不斷理還亂的歸屬感與情緒勒索
——自我覺察，設定一個健康界限

愛與歸屬是人類情感需求中最根本也最深刻的部分。從家庭的親密關懷、友誼的支持陪伴，到伴侶之間的深情依賴，這些關係不僅滿足我們對連結的渴望，也成為個體自我認同的重要來源。

我們從小到大都在學習「我是誰」，尋找「我」的過程中也期待著「我們」的出現。在這些人與人的故事裡，我們逐漸認識自己，學會在關係中感到被接納、被愛，並建立安全感，這些都是未來面對困境與無力時的重要勇氣來源。

成為別人生命中的浮木

在許多親子教養課中，我常與家長分享一個畫面：家庭就像一座游泳池，大人的愛與鼓勵如同給孩子的游泳圈、浮板或救生衣，幫助他們學會游泳。隨著時間推進，孩子們終將離開這座安全的游泳池，迎向遼闊的海洋。那裡有洶湧的風暴、無法預測的暗流，甚至潛藏著致命的危險，如果孩子沒有任何裝備就被推向海洋，可能會遭殘酷的現實吞噬。但如果他們擁有一塊浮板、一個游泳圈、一艘獨木舟或船艦，這些裝備便能成為他們抵禦風浪的工具。而這些工具，正是愛與歸屬感的具象化；當我們感受到足夠的愛與支持時，便有更多的力量去探索更廣闊的未來。

但不是每一個人都曾在安全的游泳池裡練習，也不是每一個孩子都能擁有游泳圈或浮板，有些人甚至在學會游泳前就感覺自己快要溺斃，於是只能拚命抓住漂浮的木板、藤蔓，甚至一些看似能救命、實則暗藏危險的東西。有些「浮木」並非真正的支持，反而可能帶來束縛、勒索，甚至更深的傷害。

我曾聽過一場演講，主題是關於皮條客與受害者之間的關係。許多年輕女孩被皮條客接送到不同的地點，發生性交易，但這些接送者不僅是皮條客，還是她們的「男朋友」，許多女孩甚至把所有收入都交給這些人，只為了換取一句愛的肯定或一點關注。隨著法律規範，這類事件在實體場合中減少了，卻在網路世界中轉型，變成更隱蔽的情感控制和剝削。以愛為名的勒索，讓人們在付出一切之後，換來的卻是更深的傷害。

我在碩士班時做過犯罪青少年的敘事研究，聽到這些孩子背後的故事時，不由得問自己，同樣的事若發生在自己身上，可以活得比他們好嗎？這種無力感讓我對犯罪青少年有了更多的同理，每個人的故事中總會出現幾個重要他人，這些人可能會帶著別人翻轉生命，但也有些人成為壓倒駱駝的最後一根稻草。面對無力會向前走還是倒退，也許和我們伸手出去抓到了什麼有關。

每當新聞出現兒少性侵、性剝削、少年犯罪等報導，社會大眾的無力感總是更加沉重。我們開始質疑：「真的有真愛嗎？還是愛本身就充滿危險？」「我該怎麼教小孩？我有足夠的愛可以讓他平安健康成長嗎？」「社會病了，為什麼會有這麼多垃圾？」但有沒有可能讓自己成為別人生命中重要的浮木，即使自身亦有被無力侵蝕的時候，但總有能互相拉一把的重要他人出現。

依附關係影響未來性格與人際

來談談歸屬感。

英國發展心理學家約翰．鮑比（John Bowlby, 1907-1990）在研究犯罪青少年時發現，他們往往不輕易相信他人，也不願意主動與他人建立關係（但我認為，比起一般少年，犯罪青少年的確需要花更多時間建立關係，降低防衛感）。在深入訪談後，他察覺到這些青少年的童年幾乎都有著共同經歷，也就是與父母分離，甚至被遺棄。在破碎的早期關係中，孩子缺乏穩定的安全感，導致人際互動中形成防禦機制，甚至選擇逃避關係，或透過反社會行為來掩蓋內心的脆弱。我之前訪談的研究也發現，許多孩子是透過幫派鬥毆來證明自己的力量，當自己變強壯甚至欺負別人時，就不用擔心被看不起或欺負。

鮑比提出了「依附理論」（attachment theory），他認為孩童時期與主要照顧者的依附關係，將深刻影響個體未來的性格發展與人際互動模式。這個理論奠定了後續心理學家對依附關係的深入研究，其不只是描述童年經驗，還影響我們如何在人生不同階段尋找歸屬感。例如成長過程中若缺乏穩定的依附模式，個體可能很容易在人際關係中感到焦慮，而透過選擇網路、成癮行為來填補內在的空缺。只要能理解自己的依附模式，便能幫助我們有意識地調整與他人的互動方式，進而建立更健康的歸屬感。

後來，鮑比的學生瑪麗·安斯沃思（Mary Ainsworth, 1913-1999）將這個理論運用到「陌生情境實驗」中，觀察嬰兒和主要照顧者在分離與重聚時的互動，她把依附關係分成四類：包括「安全依附型」（secure attachment）、「焦慮依附型」

（anxious attachment）、「逃避依附型」（avoidant attachment）及「混亂依附型」（disorganized attachment）。

一、安全依附型：當媽媽離開時，嬰兒會表現出不安甚至哭泣；但當媽媽回來並給予擁抱安撫時，嬰兒很快就能平靜，並再次安心地探索周圍環境。

內在心理狀態：孩子在這種依附模式下，內心建立了「當我需要幫助時，有人會來支持我」所以「我值得被愛」的信念。

未來影響：這樣的孩子在長大後，通常能建立穩定且健康的人際關係，面對壓力時也更能調節自己的情緒，勇於向外尋求支持。

二、焦慮依附型：當媽媽離開時，嬰兒會表現出極度焦慮，甚至在媽媽回來後，嬰兒仍然無法被安撫，可能表現出拳打腳踢、哭喊或咬人的行為。他們渴望被愛，但又害怕被拒絕。

內在心理狀態：這類孩子內心常有「可能被拋棄」的恐懼，時常感到不安，擔心愛會隨時消失，產生「我不夠好」的信念。

未來影響：這類型的人長大後在親密關係中可能顯得過度依賴，渴望伴侶的持續確認，但這種需求可能導致關係緊張甚至破裂。

三、逃避依附型：當媽媽離開時，嬰兒可能表現得平靜，甚至不太在意媽媽的離開。而當媽媽回來擁抱時，嬰兒可能表現出冷漠或逃避，甚至轉身離開。

內在心理狀態：這類孩子內心可能相信「依賴他人是危險的，因為沒人真的會回應我的需求」。他們學會壓抑情感需求，假裝獨立來保護自己。

未來影響：長大後可能在人際關係中表現得疏離，避免過於親密的互動，並習慣性地自我封閉。

四、混亂依附型：當媽媽離開時，這類型的嬰兒可能會表現出驚恐、不知所措、僵硬的行為，有時候出現自我傷害的情況。而當媽媽回來時，嬰兒可能同時表現出渴望親近卻又害怕接觸的矛盾行為，甚至出現攻擊性反應。

內在心理狀態：在這種依附模式下，孩子內心充滿矛盾，他們渴望愛與安全感，但照顧者卻成為恐懼的來源。他們可能出現「我想靠近你，但我又害怕你」的心理衝突。

未來影響：他們無法從關係中找到真正的安全感，面對壓力容易產生崩潰、恐慌甚至自我破壞的行為。長大後在人際關係中可能顯得混亂、不穩定，容易捲入有害或控制型關係，並在愛與恐懼之間不斷掙扎，難以找到穩定的情感依託。

人們渴望歸屬感，因為這會讓我們感覺到安全、被理解，並確信自己有存在的價值。然而，當我們無法從身處的環境中獲得這種連結時，孤獨與不安便悄然滋長。

現今社會因為晚婚、少子化、網路快速變遷，親子教養之間也出現更多有別於以往的方式。許多孩子很早就接觸網路，許多師長反映孩子的情緒非常大，一旦從手機網路移開或有不開心的事，便像發了瘋似的生氣，就像上述的「焦慮依附」。但會不會漸漸地依附的對象不再是人，而是那些能快速得到滿足的科技與網路世界，最後陷入成癮的依賴？產生無力感時就躲進這個世界，放任真實世界的問題無限擴大，最後成為超無力的厭世代。

試著回想童年時期的自己是怎樣的狀況，或者看看身邊的孩子與家長互動的過程，反思與覺察自己在各種關係狀況下，在與不同人的相處過程中，是否有任何內心狀態需要被安慰和承接，然後慢慢地練習和信賴的人表達。安全感就像是關係的存錢筒，每當我們經歷一個好的關係互動，就像是投錢進去一樣，有些人存錢筒裡的錢很多，投進去也沒什麼太大感覺，甚至打開來分給別人也不會有太大影響；但有很多人的錢筒裡是空的，每當投入一枚新硬幣，記得告訴自己：我不是空的，正在慢慢累積。

愛，不該成為枷鎖或傷害的來源

依附關係塑造了我們如何感知愛與被愛，也深刻影響了我們在關係中面對衝突、拒絕和失落時的反應。在安全依附中，我們感受到被保護、被接納，並擁有探索世界的勇氣。然而在焦慮、逃避與混亂依附中，愛往往伴隨著焦慮、不安、恐懼，甚至是自我懷疑與無力感。人與人的連結絕不是網路可以取代，但現代人與真實世界的連結遠少於網路世界，或許這正是一大部分無力感的來源，下一篇將做更詳細說明。

我想，無力感和焦慮依附最脫離不了關係，不安全感讓人不斷地懷疑自己的價值，擔心愛會消失；逃避依附則讓人築起高牆，選擇疏遠他人，避免受傷；混亂依附更是在愛與恐懼中掙扎，無法找到穩定的依靠。這些依附模式並不是單純的情感問題，而是深深影響自我認同、安全感，並在關係中成為操控與傷害的根源。

當一個人無法獲得穩定的愛或總是害怕失去愛時，內在的無力感便會轉化成各種防衛機制，可能表現為討好他人、過度依賴或是冷漠疏離。更複雜的是，有些人在關係中為了維持內心脆弱的安全感，可能會無意識地使用情緒勒索來控制他人，透過內疚感與恐懼來操控對方，進一步加深彼此的矛盾與傷害。這種扭曲的愛，既是依附關係失衡的結果，也是無力感未被妥善處理的外顯行為。

因此，唯有回到依附關係的根源，理解自己的愛與需求是如何被回應（或忽視），我們才能慢慢地覺察這些無力感與防衛機制，並學習以更健康的方式與他人建立關係。愛，應該是給予安全感與自由的，而不是成為彼此的枷鎖或傷害的來源。

情緒勒索總與歸屬感相互交纏

記得心理師周慕姿出版了《情緒勒索》一書後，這個詞便時時刻刻被提起，甚至讓許多人頓時覺得豁然開朗，原來長年關係不舒服的感受就是一種勒索。由於感覺到被同理，因而長出一點自我的勇氣，開始學習劃出界線、拒絕別人。但事情其實沒有想像中簡單。書中除了討論對方如何進行勒索，更重要的是去探索自己為何被勒索，又可以在有彈性尊重彼此的狀態下，適當地與對方拉開距離、劃出界線，而非只是搬出這四個字，這樣反而因此破壞了關係。

所謂「情緒勒索」，是指透過操控他人情緒來達成個人目的的行為，通常包括了三種形式：

一、罪疚感控制：讓對方因內疚而屈從。

二、恐懼威脅：用暗示或明示的威脅來操控。

三、過度依賴：透過施加過度情感需求，讓對方無法脫離。

在家庭、友誼與職場中，歸屬感與情緒勒索經常交織一起，一方面，人們渴望歸屬，另一方面，過度依賴和控制可能導致不健康的互動模式。而情緒勒索之所以強大，往往因為它建立在愛與歸屬的需求上。我們害怕失去愛，害怕被排擠，於是選擇妥協、壓抑，甚至犧牲自己來滿足對方的需求。但這種關係不僅無法真正滿足彼此的情感需求，反而讓雙方陷入更深沉的無力感與痛苦中。試想：如果關係中沒有害怕（或是害怕少一點），會發生什麼事呢？這個畫面就像有人丟出繩子看似要勒索，如果勒在脖子就會難以呼吸，但若套在一隻手上，也許可以成為鍛鍊身體的好工具。聽起來很幽默吧？但或許幽默正是翻轉懼怕的一個重要關鍵。

面對情緒勒索的解方與練習

讓我們從家庭、親密關係、友誼、職場與自我認同等層面，透過案例談談因情緒勒索所產生的無力感與解決方法。

▼家庭關係——愛的交換條件

離家到台北工作的小蘭因為工作忙碌，回家的次數變少。父母雖然體諒她的辛苦，但無法掩飾心中的擔憂和牽掛，因此每次見面總會關心她的生活及感情狀態，甚至建議她回到南部發展。有一天，媽媽安排了一場相親，並希望小蘭在對方的公司上班，還嚴肅地說：「我們給了你很多自由，可是我們也老了，如果你真的愛我們，那就回來吧。我們辛苦把你養大，不希望生病時連你最後一面都見不到。」

無力感表現：小蘭有自己的職涯目標，也在努力適應台北的生活，渴望家人的支持。但對父母的期待感到很有壓力而且愧疚，甚至懷疑是否應該回家。每次回家面對父母的言語暗示，她總感到喘不過氣，變得愈來愈害怕回家。

心理狀態：一是「自責」，認為自己讓父母失望，未能回饋他們的辛勞；二是「焦慮」，擔心自己做出的選擇是否錯誤，無法消除父母的擔憂；三是「壓抑」，壓抑自己的需求，選擇迎合父母的期待。

解決辦法：

一、自我覺察與對話：當父母使用情感操控語句時，意識到這些話並非直接否定自己的選擇，而是出於父母的不安全感。此時可以釐清內心的真正需求，問自己：「我想要的是什麼？我的選擇能讓我感到安心嗎？」或者透過書寫，將掙扎點寫下來，幫助釐清思緒，減少內心衝突。

二、和他人溝通：選擇一個平靜且合適的時間，向父母表達自己的立場與真實感受，例如：「我知道你們很擔心我，但現在的生活讓我很有成就感，希望你們支持我、成為我的後盾。」如果父母的話語讓你感到不舒服，避免情緒對抗或激烈反應，保持冷靜，可以適時地轉移話題。此外，告訴父母你所能提供的具體維繫關係的方式，例如定期視訊、回家探望等。

三、尋求外部支持：可以透過專業諮商，釋放內心壓力，學習健康的溝通技巧。或者向理解自己的朋友傾訴，獲得情感支持與建議。

練習建議：可以練習每天對自己說肯定句，例如：「我的選擇是經過深思熟慮，我有權利為自己的人生負責。」或者寫下生活目標（設計未來藍圖），確認這是自己真正想要的，並時常提醒自己。

這類家庭關係中的無力感，往往來自愛與責任之間的拉扯。我們既希望回應父母的期待，又害怕失去自我，最終陷入內心的糾結。然而愛不該以犧牲為前提，而是透過理解與溝通，尋找彼此都能接受的平衡點。當我們學會釐清自己的需求，勇敢表達內心的聲音，並在關係中設定健康的界限時，就能在愛與自我實現之間找到一條可行的道路，讓親情成為支持的力量，而非壓力的來源。

▼親密關係——恐懼與依賴的枷鎖

Amy 和 Han 是一對交往三年的年輕情侶。Han 是個目標明確、充滿幹勁的創業者，每天忙碌於工作與各種專案，渴望在事業上有所成就。Amy 是個溫柔善良的女孩，大學畢業後一邊幫助 Han 處理工作瑣事，一邊兼職家教。然而隨著時間推移，兩人之間的差異逐漸擴大。Han 事業有成、前途光明，Amy 卻覺得自己停滯不前，開始產生自我懷疑和焦慮。

對 Han 來說，工作壓力已經讓他筋疲力盡，卻還要面對 Amy 的情緒需求，更擔心提出分手後，她會出現極端行為。於是他選擇壓抑自己，試圖維持兩人的關係，但內心早已滿是疲憊與無力。

無力感表現：Amy 感到自我價值低落，彷彿自己只是 Han 生活中的附屬品，無法找到屬於自己的定位。而 Han 面對 Amy 的依賴只覺得壓力與無力，害怕分手帶來的後果，卻又無法再投入這段關係。

心理狀態：Amy 感到自我懷疑、焦慮，害怕被拋棄，時而陷入情緒低潮，對未來充滿不確定感。Han 感到疲憊、內耗，逃避溝通，甚至產生對親密關係的恐懼與排斥。

解決辦法：

一、自我覺察與情緒釋放：Amy 可以透過文字書寫整理，釐清內心的焦慮和依賴感，試著讓情緒不在第一時間丟給對方，並思考自己真正想要的是什麼。而 Han 可以學習辨識情緒，並允許自己表達疲憊與壓力，而非一味地壓抑。

二、健康的界限設定：兩人可以共同討論，設定適合彼此的相處空間和界限，例如各自保留獨立的時間與生活空間。Amy 也可以嘗試發展興趣或技能，試著接觸不同的人事物，找到自我價值的實現方式。

三、有效溝通：坦誠地表達自己的需求與感受，避免用責備或指責的語氣。

練習使用「我訊息」來表達感受，以降低對方被指責的感覺。若見面容易發生爭執，也可以嘗試用文字溝通（少用通訊軟體，因為即時的閱讀與回應，反而容易在不清楚真實狀況下增加錯誤的想像）。

四、建立自我支持系統：Amy 可以尋求朋友、諮商心理師或支持團體，從外部獲得更多情感支持以及面對不安全感的力量。Han 可尋求專業諮詢，學習在關係中保持平衡，或是好好談分手。

練習建議：對 Amy 來說，嘗試每天寫下三件值得感謝的事，並設立一個屬於自己的小目標，例如學習一項新技能或參加一個感興趣的課程。而對 Han 來說，則可以每週抽出固定時間，與 Amy 坦誠交流彼此的感受與需求，確保雙方都能感到被理解與支持。

親密關係本來應是雙方互相支持、共同成長的場域，但當一方過度依賴或另一方過度壓抑時，愛的枷鎖就會悄悄形成。學習在關係中保有自我，並尊重彼此的空間，才能讓愛流動得更加自由與健康。若雙方已付出足夠的努力來修復裂痕，卻依然無法回到健康狀態時，也許分開會是最好的選擇。

分手並不代表誰是錯的或失敗的，而是雙方在這段關係中學到的功課，並選擇放下枷鎖，給彼此一個重新開始的機會。健康的關係應該是彼此支持、互相成長，而不是被情緒勒索所綑綁，如果對方以自我傷害作為威脅，這已超出了你所能承擔的範圍。適時劃清界限，並引導對方尋求專業幫助，才是對彼此最負責任的做法。

▼友誼關係——無條件付出的枷鎖

小琪是個善良且樂於助人的人，不僅具備出色的能力，也擁有關懷他人的心。當朋友遇到困難或需要傾訴時，小琪總是耐心聆聽、給予建議，甚至主動伸出援手。但漸漸地她發現人們似乎習慣了她的善解人意，甚至將許多責任和任務推到她身上，彷彿這是理所當然的事。

有一天，小琪終於鼓起勇氣提出自己的需求，希望朋友們能理解她也有自己的界限和需要，卻得到冷漠的回應。有人認為她過於計較，甚至在背後批評她小心眼。這些反應讓小琪感到憤怒又無力，懷疑自己過去的付出是否值得，甚至開始自責是否做錯什麼。

無力感表現：自己的付出被視為理所當然，感到被忽視和不被珍惜。害怕再表達需求時會被貼上「自私」的標籤，因而選擇沉默。在人際關係中感到疲憊，甚至萌生疏遠他人的想法。

心理狀態：產生自我懷疑，擔心自己是否「不夠好」或「太計較」。同時覺得情感匱乏，感到自己的需求被忽視。對人際關係亦感到失望，進而對過往的付出感覺生氣。

解決辦法：

一、自我覺察與設立界限：調整期待，並意識到自己的價值不該建立在他人的肯定或需求滿足上。學習勇敢地說「不」，設立清晰的界限並堅定地守護它。理解付出應是雙向的，健康的友誼要建立在彼此尊重與支持之上。

二、溝通與表達：辨別身邊的人際距離與建立真實的互動，找一個合適的時機整理好情緒，坦誠向值得信任的朋友表達自己的感受和需求。

三、療癒內心傷痕：花時間陪伴自己，做一些能讓自己感到開心和滿足的事情。寫下內在的感受，釋放壓抑情緒。參與其他社群活動，重新建立健康的人際關係模式。

練習建議：列出自己可以接受的界限和底線，並在互動中實踐。嘗試與真正關心自己的朋友建立更深層的連結，而非一味討好所有人（就算對你來說是小事）。認識到「不是每個人都值得無條件付出」，將時間和精力留給真正珍惜自己的人。

善良是寶貴的，但不該成為被他人剝削的工具。學會保護自己，懂得在友誼中劃下健康的界限，才能讓每一次的付出都被珍惜，也讓自己感到滿足與安心。斷捨離的過程中一定會有失落，也會有許多自我懷疑，但不同的時間會遇見不同的人，讓自己在各種火花中留下更純粹的情感。

▼職場關係——責任與壓力的綑綁

阿芬是一位工作認真、表現優異的員工，面對客戶時總能展現出色的專業能力，她也因此獲得成就感，但主管的管理方式讓她感到有些不適。主管經常私下約談她，詢問許多私人問題，甚至對她的工作投入提出更多無形的壓力。主管表示這是因為看重她、想要提拔她，才會特別關心。

當阿芬發現懷孕時，她懷著喜悅的心情告訴主管，希望能調整工作內容。主管卻嚴肅地質問她為何沒有事先告知備孕的事，苛責她的不負責任對團隊造成影響。阿芬既震驚又疑惑，過去的努力彷彿被一筆抹去，懷疑自己是否正面臨職場霸凌。

無力感表現：自己所有的努力和付出都被主管的一句話徹底否定，感到強烈的委屈與無力，開始懷疑自己的價值，以及職位的適任性。雖明白自己有權利做出人生的選擇，但在主管的威壓下，卻無法理直氣壯地捍衛需求。

心理狀態：一是「內疚感」，覺得自己懷孕是「給團隊添麻煩」；二是「焦慮感」，擔心職涯受到影響，甚至可能被邊緣化；三是「自我懷疑」，懷疑自己的專業能力和價值是否受到主管真正認可；四是「無助感」，不知如何爭取合理的權益，害怕反抗會換來更大的打壓。

解決辦法：

一、自我覺察與肯定：首先認識自己的權利，理解懷孕是一種自然且應該被尊重的狀態，而非職場責任的「缺失」。同時釐清自己的需求，明確知道自己在職場中需要的是什麼，例如調整工作負荷、彈性工時或適當的支持。此外也可以尋求支持系統，包括：（一）公司內部，例如聯絡人力資源部門，了解相關的孕期保護政策；（二）外部資源，尋求勞工局、婦幼保護團體或法律諮詢，確認自身權益；（三）情感支持，與信任的同事、朋友或家人分享自己的感受，獲得心理支持。

二、建立清晰的界限與有效的溝通：選擇一個合適的時間，冷靜且理性地與主管討論目前的狀態，理性表達自己的感受與需求。也可以向主管強調雙贏目標，例如「我希望能在工作與健康之間取得平衡，這樣才能長久為公司做出貢獻」。溝通過程中，要將重要的內容以書面形式（例如電子郵件）記錄下來，避免誤解或爭議。而在溝通需求時，清晰表達即可，避免過多解釋或道歉。

練習建議：可以列出自己在工作中的界限與原則，例如私人問題不該被過度探問、合理的工作調整是自己的權利等。練習在安全的環境下，對他人說出「我有一些原則和需求，希望可以得到尊重」。

職場應該是一個互相尊重、彼此成就的場域，而非將責任與壓力全盤加諸在個人身上。任何人都有權在專業上被公平對待，也有權利為自己的生活做出選擇。唯有在界限清晰、彼此尊重的基礎上，工作才能帶來真正的成就感與滿足。

▼自我認同——內化的情緒勒索

自由接案的阿寶總是思考著如何可以更好，每天都在為自己的人生努力打拚，認真經營自媒體，接下各種案子，證明自己的價值。但他發現，無論怎麼努力，都像在追趕一個永遠到不了的終點線。他害怕失去任何一個案子，無法拒絕任何一個合作機會，甚至不顧身心狀態投入工作。每當夜深人靜，他的大腦便反覆出現自我苛責的聲音，這些聲音就像無形的枷鎖，綁住了他的生活。

但無論朋友怎麼勸說，阿寶就是無法停下腳步。久而久之，朋友們選擇與他保持距離，連伴侶也選擇離開。然而阿寶沒有時間傷心，因為他覺得只有不停地工作，才能掩飾內心的恐懼。

無力感表現：因為自我價值完全建立在工作成就之上，稍有停滯便會自我否定。對自我的要求使得身心長期處於焦慮與疲憊狀態，無法放鬆或好好休息，進而導致與他人關係疏離，缺乏情感支持，卻仍然無法停下腳步尋求改善，內心充滿了自責與害怕失敗的恐懼感。

心理狀態：一是「自我苛責」，對自己要求過高，無法容忍任何失誤；二是「焦慮不安」，害怕被他人超越，擔心自己不再被需要；三是「孤獨與疏離」，雖然身邊有人關心，卻覺得無法被真正理解；四是「倦怠與麻木」，長期過勞導致情感變得遲鈍，甚至無法感受到快樂。

解決辦法：

一、練習自我覺察與接納：每天花十分鐘靜下心來覺察自己的情緒，問問自己：「我現在的感覺是什麼？」學會接納自己的不完美，理解努力不代表永遠都要滿分。練習停止負面的自我對話，告訴自己：「我已經很努力了，這樣就很好。」

二、設立界限，學會拒絕：設定工作時間，明確劃分工作與休息的界限。學習有禮貌地拒絕不合理的要求，保護自己的時間和精力。同時也要設定工作時間上限，盡量不要超時工作。

三、重新定義成就感：將成就感從「工作表現」轉移到「自我成長」或「生活品質」。設定小而可行的目標，給自己足夠的時間達成，而不是無止盡地追趕完美。

四、建立支持系統：與信任的朋友或諮商心理師聊聊內心的壓力與焦慮，然後重新連結與身邊人的情感關係，感受人際間的支持與溫暖。

五、培養放鬆習慣：每天留時間給自己，無論是散步、閱讀、冥想或運動，都能幫助大腦放鬆。或者刻意練習「什麼都不做」，讓自己有時間喘息，恢復能量。把休假時間列為行事曆的必要事項，並確實執行。

練習建議：每天設定固定的工作時間，嚴格遵守休息時間；每週安排一次與朋友或家人的聚會，純粹享受相處時光；主動尋求心理諮商或專業協助，學習健康地管理壓力。

有時候，我們對自己的嚴厲遠勝於他人的期待。阿寶的故事提醒我們，生活不該只是一場無止盡的追趕，而要在努力與放鬆之間找到平衡。學會適時停下來，擁抱自己的不完美，才能讓生命更有溫度，也更有力量。

學習成為更成熟的自己

當我們談論家庭、親密關係、友誼、職場與自我認同等層面所帶來的無力感時，別忘了有時這些議題會交織在一起，使問題更加複雜。例如在家族企業工作時，如何兼顧親情與專業？與伴侶或好友共同創業時，如何平衡事業與感情？當工作與自我價值緊密相連時，如何面對職涯的不確定性？這些情境不只是單一層面的挑戰，更是多重角色與需求的衝突，讓我們容易陷入無力與迷惘之中。

曾有一位 YouTuber 與前女友共同經營頻道，基於信任而未過問金流，十多年來只領少少的薪水，對方一家卻過著富裕的生活，因為未獲得公平對待，憤而提出控訴。這件事情讓網民看了很氣憤，紛紛抖內和訂閱他，讓他瞬間成為百萬 YouTuber。這些支持是大眾對無力感的一種投射——每個人都可能遇到不好的狀態，但你絕對不孤單。

談錢傷感情，但一段關係若連錢都不能談，其實就不太健康了。因此如果情侶要一起創業，下列四件事必須好好討論：

一、共同財務：包括錢怎麼存、怎麼花，誰負責什麼。

二、公司的經營細節：從時間分配到品牌、合約、權利，都要清楚劃分。

三、專業的法律諮詢顧問：共同擬定合約，保障彼此權益，避免後續糾紛。

四、關係的經營：別忘了彼此的身分不只是創業夥伴，還是伴侶，這也需要好好經營。

當我們談論關係中的無力感時，常常忽略了財務也是其中一環，但唯有雙方願意學習健康地談錢、談責任、談界限，關係才能走得長久。這不是關係的終點，而是一場學習成為更成熟的自己。

07

虛擬關係的脆弱與焦慮

——回歸真實人際，不讓網路主宰人生

小涵躺在床上，手指不斷地滑著手機螢幕，社群平台上五光十色的照片閃爍著，有人在咖啡廳自拍，有人和朋友聚餐開懷大笑，有人曬出旅行的風景照，留言區充滿熱絡的互動與笑臉表情符號。她停留在這些畫面上，心裡卻湧上一股莫名的失落感。

她的ＩＧ上有上千位朋友，她的每一篇貼文和限動都能獲得許多愛心和回

應，然而當她真的想要找人吃飯、聊聊煩惱，通訊錄裡卻找不到一個可以真正放心傾訴的對象。她曾試著發出邀約，又想也許自己一人比較輕鬆，「改天約約」、「要不要吃個飯」這些話總是打了又刪，她不禁思忖別人是怎麼約的？只有她是這樣嗎？

夜晚降臨，小涵放下手機，房間一片寂靜。她明白，自己並不是真正孤獨，她每天都在網路上和許多人互動，但這些看似熱絡的連結，卻像是漂在水面上的泡沫，一碰就破。看似擁有很多朋友，卻無法真正建立深刻連結的落差，讓她感到更加無助與憂鬱。也許虛擬世界給予即時的連結感，卻也在不知不覺中剝奪了與人深度連結的能力。

不知道這樣的故事你是否感同身受，但至少有七〇％符合我自己。我擁有幾位深交許久的好友，但因為沒有一直生活在同一個城市或場域，加上我是自由業，沒有每天可以固定見面的同事，所以總想著以前和朋友相處、天天活動很多的日子。但隨著年紀增長，隨著疫情帶來的數位化，漸漸地這樣的模式似乎回不去了，網路世界和現實世界的落差愈來愈大，帶給人們情緒的影響也愈來愈深，更不用說被網路養大的青少年。

青少年逃離情緒的暫時出口

青少年就像一座座充滿無力的小火山，無時無刻承受著來自手機、人際關係及生活環境的各種壓力，卻找不到真正能逃離或紓解的出口。於是逐漸將目光轉向3C產品，尋求暫時的解脫，卻沒有發現自己有任何需要調整的地方，只覺得大人很煩、很愛管教，不斷地爆發各種衝突。但大人們確實也因為媒體大量的危險資訊，而對孩子過度保護，以致這個世代的青少年常被認為「長不大」、「抗壓性低」；過多的保護和焦慮，與自主權之間的拉扯，不斷地考驗著親子之間的關係。

如今，3C已是青少年們面對壓力和煩躁時的抒發工具。當他們面對情緒困擾時，無論是與同儕相處、家庭衝突、自我認同的掙扎，還是終日枯燥無味的學習和生活，讓他們找不到成就感與認同感，甚至看不到未來的希望，於是只能在虛擬世界中尋找一絲樂趣，而這些有趣的工具（也可以稱為玩具）給了他們多巴胺的刺激，讓他們暫時不必去面對那些不知道如何面對的問題。但夜深人靜時，又因為對真實世界的認知失調而感到痛苦，那些按讚和人氣，彷彿存在又似乎不存在。

然而，這種短暫的逃避並不能真正地解決問題，反而可能讓他們與現實世界愈來愈疏離，陷入更深層的孤獨感與無力感之中。因此，要協助他們擺脫這種循環，關鍵就在於找到健康的情緒調節方式，並在生活中重新建立有意義的連結與目標。

貼圖的背後藏著焦慮的無力感

曾有學校邀我和大學生分享關於網路成癮的主題，有趣的是，當時使用的是線上講座，也就是運用網路和大家討論可以如何減少使用網路。

我聊到大學時沒有智慧型手機的日子是怎麼過的，譬如要傳送圖文簡訊時就必須好好思考，因為有字數的限制，加上費用很貴，不能隨便亂傳；也會和三五好友一起辦同一家門號，專門用來免費網內互打。但現在大多數的人已經習慣用文字溝通，對於接電話會感到恐懼，因為工作中接到電話很可能是壞消息，也害怕必須及時回應……。當然，我同樣也分享了那個時代的辛苦，例如原文文獻必須一個字一個字慢慢查，花好多時間在讀厚重的參考書，與同學討論到大半夜，分組報告常是一大壓力。

然而，這個世代的一切卻變得超級方便，很多課程和會議討論都可以線上解決，通訊軟體也變得非常快速，一有事情便能馬上用文字傳給別人，但有時候也造成下班後要處理公司訊息的壓力。同樣地，當一個訊息未被讀取或回應時，很容易引起情緒的波折。當然也因為方便，就沒有約見面的必要，好處是減少舟車勞頓，壞處是開始變得不知道如何與真實的人相處，形成網路社牛、現實社恐的狀態。一個燦爛大笑的貼圖背後，也許是焦慮著為何對方尚未讀取和回覆訊息，充滿猜測的無力感。

就在討論了許多以前與現在的利弊後，我請大家匿名投票是喜歡以前的生活型態還是現在的。沒想到結果一面倒向以前的型態，讓人感到很驚奇。難道不喜歡現在快速方便的網路科技嗎？如果喜歡以前的生活，其實只要減少使用手機、多和朋友約見面似乎就可以了。有位同學回答：「就是因為太方便了，所以回不去了，就算不喜歡或覺得不舒服，但整個工作、社交、生活模式都是如此，不用網路實在太難了，一旦到了無法收訊的地方就會感到不安，訊息沒回就要付出很大的代價。」看到這個說法，我想，有一種無力感叫做「我知道我自己有選擇，但其實我沒辦法選擇」。

的確，當我們習慣了方便，當我們失去了等待的耐心，社交模式也漸漸改變。透過社群分享，可以知道好多朋友的日常，但那些沒有分享的若未主動聯繫，彷彿就消失了。問題是，那些生活精彩的朋友真的有時間和我相處嗎？雖然看了好多分享的內容，實際上與對方的距離還是很遠。

面對社交模式改變的準備

在社交媒體上，我們很容易去追蹤一些朋友、朋友的朋友、見過幾次的人、完全陌生的人，而大多數的人也會因為別人追蹤你而加入追蹤，然後我們在社交媒體上的朋友愈來愈多，那些比較活躍的人更會讓你感覺到，他們的朋友很多都過得好快樂，而我雖然看起來有朋友卻乏人問津，最後變得憂鬱。數字是會綁架人的，不只是金錢業績等數字，連朋友與按讚數都是，即使成為小網紅，粉絲數和真實觸及之間的落差又考驗著心理強健度。

我在臉書和ＩＧ經營粉專「心理師的歡樂之旅」，臉書擁有破萬追蹤。我會盡量每日發文與人交流，但大多數留言的都是我不認識的人，也許是工作中見過一次，或是經由書籍、Podcast、電視節目認識我的人，和這些陌生人互動其實讓我滿開心，但有時候也會因為觸及率低而感覺到無力，好像我的社交被 Meta 公司控制著，它決定了我可以被誰看見，一種未知的焦慮感一直隱隱存在著。

而ＩＧ因為使用年齡層的關係，我開始連結生活中認識到的新朋友，像是

Podcaster、運動的朋友、其他ＫＯＬ等，透過較立即性的限動分享，除了記錄自己的生活，也讓朋友們更了解我。如同周哈里窗（Johari Window）[4]中的「公開我」，讓那些我覺得安全且可以分享的事情公開在網路世界，增加人際間的熟悉感，當與現實生活中的自己愈一致，我就會過得愈輕鬆；但如果刻意設定有差距的人設，反而會很辛苦，代表那些看似「公開我」的背後，其實擁有一大塊不為人知的「隱藏我」。當然，那些我覺得較不安全的資訊就會有所保留，譬如出去玩住在哪間飯店，立即性的分享也許會有安全的疑慮，同時也保護一些比較不能在網路上公開的人，給自己的私人生活留有更多空間。

可是這之間的取捨，其實存在許多困難。很多青少年過度暴露自我的資訊，反而帶來危險。而一些人在網路上自由撰寫文字時，卻也可能因此犯罪或影響未來的工作，要知道，網路世界並不如想像中安全美好。我一直提醒自己，若要真實的朋友，就一定要約出來，真實與人連結雖然有點麻煩，有時候也有點可怕，但這是我們在社交模式改變的洪流中必須做好的最基礎準備；朋友比的不是數量而是質量，任何有質量的關係，都是靠真實時間慢慢累積。

我有一位網紅朋友的ＩＧ有十四萬人追蹤，他的個性活潑可愛，經營著自己的電商和業配，以一個素人來說，要累積這樣的追蹤數很不容易。但不知什麼原因，他的ＩＧ無故遭刪除，即使花了很大力氣也找不回帳號，整個人心情跌落谷底，就算重立一個帳號，也得花上加倍的時間重新累積。

他看似損失一個帳號，其實等同於一個公司的倒閉，商品的買賣和業配成績在一瞬間消失。他曾跟我說：「公司倒閉都還有補助，但這個帳號不見，哭天搶地也沒用。」這也是我第一次感受到，原來虛擬世界和現實世界的連結是如此血淋淋，更不用說那些虛擬貨幣如雲霄飛車般起伏所帶來的影響。網路帶來的無力感，比想像中還要大。

4—「周哈里窗」是社會心理學家喬瑟夫．路夫特（Joseph Luft）和哈利．英格漢（Harry Ingham）於一九五五年提出的理論，將人的內在分成四個部分，包括「公開我」、「隱藏我」、「盲目我」、「未知我」，幫助個體了解自我和他人之間的認知差異。

避免陷入虛擬世界的焦慮

網路的出現徹底改變了人類的社交模式，便利性帶來了效率，卻衍生出焦慮、疏離感及虛擬身分認同的困惑。我們習慣了即時回覆，習慣了數位的快速連結，卻在無形中失去了真實耐心與深度互動。虛擬社交的擴展並未真正填補內心的孤獨，反而可能讓我們在人際關係中感到更加疲憊與無力。

因此，面對網路世代，每個人都要體認到：

一、認清網路是輔助生活的工具，而不是掌控生活的主宰。

二、理解真實連結的珍貴性，因為社交媒體上的互動很容易流於表面，唯有面對面的真實相處，才能建立更深厚的情感連結。

三、當我們因未讀訊息、按讚數、觸及率感到焦慮時，應該停下來思考這些數字是否真正代表自己的價值。

那麼，我們可以如何避免陷入虛擬世界的焦慮呢？以下有幾個刻意練習的小方法：

一、設立「數位斷捨離」的時間：每天設定固定時間，完全遠離手機和網路，專注於自己或面對面的人際互動。或是在真實世界中與人相處時，可以練習暫時把手機放在一邊，避免讓手機成為關係中的小三。

二、培養真實的社交習慣：與朋友定期見面，進行深度對話，而非只在社交媒體上「點讚」互動。珍惜會主動邀約的朋友，也試著成為主動邀約的人。

三、保持自我界限：在網路分享時，清楚劃分「公開我」與「隱藏我」。分享個人隱私時可以多想想，同時尊重身邊的人。

四、不過分追求「朋友數」、「按讚數」：在自媒體時代，流量變現是時常被討論的問題，但流量不等於金錢，數量也不等於幸福，不是每個人都必須有高流量，很多流量的焦慮來自於自媒體銷售的行話，工作中也許需要增加流量，但現實生活中的人際需要質量。

五、覺察並調整心態：當面對網路數據帶來的焦慮時，提醒自己這些數字並不等同於個人價值。並且適度地把工作和私人生活劃出小小距離。

詐騙看準的是人性弱點

在台灣，詐騙幾乎已是生活的日常，我的 e-mail 信箱每天都會收到各種詐騙信件，最多的來自認為你的粉專有版權問題，希望可以討論，不然會提出告訴。此外，許多 Line 社群會有人傳送網址，讓你幫忙投票或加入不同群組，也可能經由他人介紹進入某個群組熱絡聊天，但事後發現，整個群組可能只有你是真人，其他都是詐騙集團的人。

躲在網路背後的人是誰，我們看似知道卻不一定知道，許多人被騙走非常多的錢，甚至因此走向絕路，家破人亡。有人會說，被騙的人一定是因為貪，但事實上，詐騙已經多元到愈來愈難辨識，看似正常的網路交友、工作徵才、金融投資，也許都會讓人瞬間失去一切。沒人能夠保證自己絕對安全，這也是網路帶來的極大威脅之一。

YouTube 上有個動畫影片叫「詐騙猴子的一生」，長達一小時，畫質粗糙卻道盡詐騙的真實血淚。許多詐騙者其實是被逼迫的豬仔，有人因為看見朋友在社群媒體炫耀名車豪宅，反觀自己錢賺得少又沒未來，而想去闖一闖。當然也有人是因為家人生病急需醫藥費，而想看看是否有辦法能「快速」賺到錢，結果不僅沒救到家人，自己的生命也斷送在詐騙集團手裡……

看到類似影片播出時，我總是想，到底為什麼人心會這樣？是不是不應該對人抱持懷疑和恐懼，才有辦法平安活下去？騙人者很多都是身邊好友，或是網路上讓你敞開心胸想要誠心交往的另一半。詐騙的可怕之處在於它不再僅僅針對「貪心」的人，而是精準抓住人性的弱點，讓受害者在信任、恐懼或期待中失去防備。無論是網路交友、工作招聘還是金融投資，任何看似正當的行為都可能設計成陷阱。更令人心痛的是，詐騙集團內部的「豬仔」多是受害者轉變而來，他們因為經濟壓力或家人疾病而誤入歧途，最終成為犯罪工具。

在資訊爆炸的時代，網路的便利應該是為人服務的工具，卻在無形中放大人性的脆弱。快速連結與無所不在的網路帶來某種「被監控感」，人們可能覺得自己無法逃離社交媒體的壓力，也難以保證自己不會成為受害者。

減少詐騙風險，從認識心理需求開始

面對科技進步與詐騙手法的日新月異，個人的無力感來自對犯罪手段的防不勝防，也來自對「真實」與「信任」的迷失。而隨著網路成為主要的溝通工具，許多人與家人、朋友的實體互動減少，反而依賴虛擬社交圈來尋求情感支持。但這種轉變，也讓人更容易因為孤獨感而對陌生人過度信任。

詐騙者正是利用這種情感需求，偽裝成關心的朋友或伴侶，逐步建立情感依賴，再進行詐騙。特別是家裡的長輩和兒少，很多時候家人發現時已經太晚。當我們逃避面對真實連結的無力感時，也許詐騙反而成為打醒我們的木棒，開始停下來照顧自己和身邊重要卻被忽略的家人。

要減少詐騙風險，就得從認識心理需求開始，希望以下的建議能幫助人們看見自我需求，進而減少被詐騙攻擊的可能性。

一、賺快錢心理與詐騙：現代社會崇尚效率與成果，成功常被簡化為快速致富。一些詐騙集團抓住這個心理，設計出「零風險高回報」的投資陷阱，如虛擬貨幣或假海外投資。

你可以這樣做：

（一）冷靜評估「美好成果」的真實性，與可信任的朋友討論，避免一時衝動。

（二）理解高報酬通常伴隨高風險，學會穩紮穩打是一種成熟的選擇，而非「不敢冒險」。

（三）提醒自己，累積財富需要時間，耐心是安全的基石。

二、社交媒體焦慮與比較心理：社交媒體展示的多是經過精心修飾的生活，容易讓人產生不足感。詐騙者利用這一點，透過炫富照片或假裝成功的形象吸引目標。

你可以這樣做：

（一）理解「比較」是一種正常心理，但應將它用做了解目標的工具，而非批評自己的理由。

（二）問問自己真正渴望的生活是什麼，不要讓別人的生活定義自己。

（三）練習感恩，記錄日常生活中的微小美好，有助於減少對他人生活的羨慕感。

三、斜槓風潮與多重收入追求：斜槓人生的趨勢讓許多人渴望突破現狀，詐騙者則利用假創業機會或遠距工作，吸引想增加收入的人。

你可以這樣做：

（一）審視自己的精力與能力，避免陷入「什麼都想抓住」的心理壓力。

（二）記住「真實的機會」會有明確的背景與合理的條件，謹慎求證任何「好到不真實」的方案。

（三）對新機會保持開放但不輕信的態度，適度規畫自己的時間和資源。

四、渴望愛情與詐騙風險：在網路交友平台上，詐騙者通常利用情感需求，以真心交往名義來騙取信任，進而索取金錢或個人資訊。

你可以這樣做：

（一）記住真正的愛情需要時間和信任的累積，避免因短暫的情感滿足而忽視異常訊號。

（二）如果對方提到金錢需求時務必三思，並與身邊朋友商量。

（三）提醒自己，愛情應帶來快樂與安全，而非讓人感到壓力或恐懼。

五、數位足跡與隱私風險：詐騙者利用數位足跡鎖定目標，用精心設計的郵件或訊息取得敏感資訊。

你可以這樣做：

（一）定期檢查隱私設定，減少在公開平台上暴露個人資訊。

（二）不輕易點擊未知來源的連結，對於要求更新資料的郵件要保持高度警覺。

（三）在重要場合（如銀行操作）啟用雙重驗證，提高帳戶安全性。

六、假消息與資訊汙染：詐騙集團會透過假消息製造恐慌或興奮情緒，誘導受害者進行衝動行為。

你可以這樣做：

（一）練習「三步驟」——確認消息來源，尋求多方核實，避免立刻採取行動。

（二）多關注可信賴的媒體和教育資源，提升辨別資訊的能力。

（三）學會保持冷靜，避免情緒驅動決策，減少落入陷阱的風險。

在網路便利帶來的巨大機遇中，我們也常感到無力，這種無力感源自於對資訊過載的焦慮、對成功的渴望未果，甚至是對人性信任被破壞的痛楚。然而，理解這些情緒的來源並非弱點，而是我們重新建立力量的起點。面對詐騙的心理挑戰，關鍵在於鍛鍊心理免疫力，也就是學會慢下來，認識自己的需求，從比較中找到方向，並從日常的微小行動中累積力量。當我們能夠正視自己的無力感時，不僅能更敏銳地防範詐騙，也能在追求安全與幸福的道路上，找到屬於自己的堅定步伐。

第三章

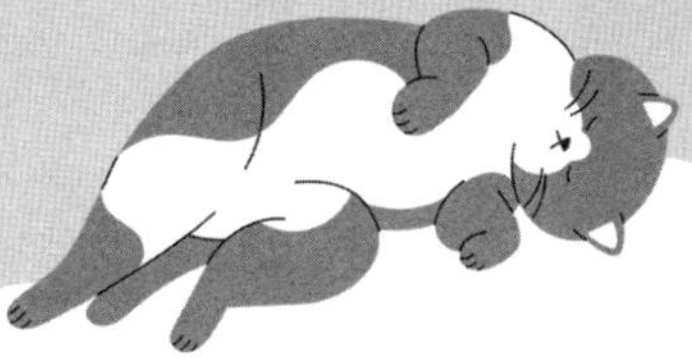

來自「自我」的無力感

◆ 內在矛盾與自我迷失的挑戰

——接納不完美，因為只有你能幫自己

◆ 自責與壓力蹺蹺板的失衡

——擺脫內耗，給自己留一個喘息空間

◆ 因為失控，想要更多掌控

——將精力放在真正能夠改變的部分

《聖經》中記載了一位名叫參孫的大力士，是以色列的士師。他的誕生原是不可能，因他的母親長期不孕。但有一天，天使向她顯現，預告將生下一個孩子，並叮囑她遵守拿細耳人「不得喝酒，不吃不潔之物，不剃頭髮」的誓約，上帝會賜予這個孩子非凡的力量，對抗以色列的敵人非利士人。

參孫長大後，果然以驚人的力量聞名。他曾赤手空拳撕裂獅子，也曾以一塊驢腮骨擊殺一千名非利士人。但他衝動的個性和對情感的過度依賴，讓他屢次陷入危機。他無視父母的勸告，執意愛上非利士女子大利拉。非利士人收買了大利拉，試圖探知參孫力量的來源。起初，參孫對大利拉的試探保持警戒，但在她的情緒勒索下，他最終洩漏了祕密——他的力量來自未曾剪過的頭髮。

非利士人趁機剪掉他的頭髮，隨後將他擒住、弄瞎雙眼，並囚禁起來。多年後在非利士人的慶典上，參孫被押到大廟中作為笑柄。此時，他向上帝祈求重新賜予力量，最終以他的餘生為代價推倒大廟的柱子，壓死了自己和大量的非利士人，完成了對非利士人的最後復仇。

參孫的生命充滿矛盾與衝突，一方面，他擁有無與倫比的力量，被賦予拯救以色列人的神聖使命；另一方面，他的情感衝動、自我放縱和錯誤選擇，讓他敗在一名女子身上，一再陷入危機。他擁有非凡的身體力量，卻在自我、家庭、感情中顯得脆弱不堪。如同我們或許在事業上展現了專業與能力，卻可能因關係中的依賴或外界的期待而迷失。

這個故事不僅是力量的丟失，更是自我認同崩潰的過程。參孫的內在衝突，正是人們對自己定位模糊、甚至在某些關係中迷失自我時的無力感。最終，當他失去了身為以色列領袖的使命感與責任感，並完全依賴情感上的依賴與渴望時，他的力量也消失了，這就是自我認同危機的根本問題。

有沒有可能當我們認為無力感來自外在環境、來自身邊的人們時，其實是來自於自己的失控？一如真正讓參孫無力的是他自己，他允許別人取走自身力量的來源（頭髮）。但如同故事的結局，即使是在最黑暗的時刻也有重生的希望。當他在敵人眼前喪失所有力量後，他向上帝懇求重新獲得力量，最終以這份力量擊敗敵人，完成了使命。這一幕象徵著，即便在最深的無力感中，當我們重新與自己建立連結、找回真實的自我認同時，改變的力量依然存在。

08

內在矛盾與自我迷失的挑戰
——接納不完美，因爲只有你能幫自己

人生就像一場遊戲，有樂趣、有挑戰、有規則、有互動、有輸有贏。遊戲都有關卡，一開始簡單，到後面愈來愈難，因為難才有挑戰性，才不會無聊，但有時太難也會讓人想放棄。在遊戲的過程中，我們提升自己的等級和經濟，購買了厲害的裝備，以便能夠更強地去破關。而人生這場遊戲唯一不同的就是沒有暫停，最後一關結束就告終，但我們經常分不清楚，到底哪一關才是最後一關。

人生發展階段的核心衝突和挑戰

德裔美籍心理學家艾瑞克．艾瑞克森（Erik H. Erikson, 1902-1994）將正常人從嬰兒期到成人晚期的一生分成八個發展階段，即知名的心理社會發展理論。他指出，每個人在每個階段都會面臨並且克服新的挑戰，而每個階段都建立在較早階段任務完成的基礎上，如果沒有成功完成各階段的挑戰，將來就會再度造成問題。我很喜歡這個理論，它就像人生電動遊戲的攻略，告訴你大概會遇見什麼，每個人都很相似卻又不這麼像，然而每當度過一個階段再回頭看時，卻可以看見自己所經歷的和這個理論所說的有許多呼應，然後把自己預備好，去面對下一個關卡的挑戰。

因此，只要理解這些階段的心理狀態，就像人生遊戲中的攻略指南，便可以幫助我們認識自己面對的關卡與無力感，並找到解決問題的線索。

一、信任vs.不信任（零至一歲）——建立安全感：嬰兒期的無力感源於對世界的完全依賴，因為寶寶們無法表達需求，只能透過哭泣與依附來尋求滿足。如果需求長期得不到回應，他們可能感受到深刻的無助感，進一步影響對世界的信任。

無力感的展現：到了成人期，可能會表現出對人際關係的過度防禦或不安全感，甚至無法相信他人能提供支持。

無力感攻略：無力感提醒我們安全感的重要，當感覺被環境或他人忽視時，可以反思如何建立內在的穩定感，並慢慢練習表達自我需求。

二、自主性 vs. 羞恥與懷疑（一至三歲）——探索獨立性：

這個階段的孩子開始學習控制自身行為，可是能力有限，經常因為失敗而感到沮喪。如果父母過度控制或批評，孩子可能會陷入「無法控制自己」的無力感，進而發展出羞恥或懷疑的心理。

無力感的展現：長大後可能的表現為過度依賴他人、害怕做出決定，甚至迴避挑戰。

無力感攻略：學習接納錯誤與不足，是面對無力感的重要步驟。錯誤也是成長的一部分，不因錯誤而定義自我是失敗的。

三、主動性 vs. 內疚（三至六歲）——勇於嘗試：當孩子主動嘗試探索世界，如果頻繁遭到責備，他們可能開始懷疑自己的能力，感覺到行動無用而失去動力，甚至對自身行為感到內疚。

無力感的展現：來自外部批評與內部對自己的苛責，長期下來可能壓抑創造力，缺乏自我表達的勇氣。

無力感攻略：學會寬容地看待失敗，並找到適合自己的小目標，每一個小小的成功，都會建立面對無力感的勇氣。

四、勤勉 vs. 自卑（六至十二歲）——成就與能力：學齡期是學習的黃金階段，但過高的期待或競爭可能讓孩子感到「永遠不夠好」。當孩子的努力未被認可或頻繁遭遇失敗時，他們可能感到無力勝任，進而產生自卑感。

無力感的展現：成年後可能對挑戰感到恐懼，甚至選擇逃避困難，避免再次嘗到失敗的痛苦。

無力感攻略：重新定義「成功」，接觸更多不同的人事物，累積不同領域的小成就，幫助自我建立信心與視野。

五、認同 vs. 角色混亂（十二至十八歲）——尋找自我：青春期的挑戰在於尋找自我認同，但同儕壓力、家庭期待與社會價值可能讓青少年感到迷茫。如果他們無法找到清晰的定位，可能深陷無力感，懷疑「我到底是誰」。

無力感的展現：自我價值與他人期待產生衝突，讓人感到自己無法滿足任何一方。

無力感攻略：認識到每個人的道路都是獨特的，學習傾聽內在聲音，並與成熟的人們聊聊自我，是走出角色混亂的重要一步。

六、親密 vs. 孤立（二十至四十歲）——建立親密關係：成人早期面臨建立穩定親密關係的挑戰，若無法處理情感需求與自我獨立之間的矛盾，可能導致孤立感與情感疏離。這種無力感常來自過去失敗的關係經驗或對未來的不確定感。

無力感的展現：過度依附或害怕承諾，甚至對親密關係產生抗拒。

無力感攻略：理解每段關係的起伏與學習過程，對自己和他人有更多的耐心，鼓勵自己去與人連結並為人付出，是面對這一階段無力感的良方。

七、生產力vs.停滯（四十至六十五歲）——創造價值：中年期是人生的黃金時代，然而當發現自己的努力無法轉化為成果，或覺得自己被環境遺忘時，可能陷入深刻的無力感，質疑「我的人生是否有意義」。

無力感的展現：職場瓶頸、家庭關係失衡或未實現的夢想。

無力感攻略：重新審視自己的價值，並嘗試找到不同的目標，在停滯感中找到新的動力和挑戰。

八、自我統整vs.絕望（六十五歲以上）——生命的回顧：晚年時，人們開始回顧一生的經歷，如果發現錯失太多或遺憾深重，可能陷入絕望與無力感，覺得無法改變過去。

無力感的展現：可能表現為情緒低落、與社會疏離，甚至不願與人互動。

無力感攻略：接受無法改變的過去，珍惜當下的生活，並尋求將經驗與愛分享給他人，是重建意義的重要途徑。

學會把生活當成一場遊戲

無力感在生活中的每個階段都像是一道關卡，我們總是擁有可以度過關卡的力量，也許當下不一定看得見，但很多事情回頭看就會懂了。人們總是說，活在當下是最重要的事，但當下也分成往上看和往下看，有沒有可能往上看時可以找到一條繩索把自己慢慢拉起來，而往下看時則愈陷愈深？

多年前我曾去芬蘭北極圈爬山健行，第一次穿雪鞋踏上厚厚的積雪，突然不小心踩空在一個雪堆裡。我奮力想要往外爬卻愈踩愈深，最後感覺身體有一半都埋在洞裡，而且滿身大汗。一旁的導遊說：「你只能靠自己出來，我們只要用力，就都會陷下去，所以你不要用力，想辦法出來。」我當下覺得，怎麼可能不用力啊？我雙腳用力踏跳，但每一下都讓我愈陷愈深，直到累了停下來喘氣，才發現附近有根樹枝可以抓，最後我靠著那根樹枝讓自己脫離。

面對無力感，我們都會想辦法希望有力量，好擺脫不舒服的狀態。但其實這個無力感是要你停下來，看看自己現在可以做什麼，有什麼東西可以成為力量的補給。如果有機會聆聽不同年紀、不同職業、不同國家的人的生命故事，可以發現其中有好多值得學習的部分。當然也有很多時候會覺得那些成功故事無法套用在自己身上，但這就像一道料理，每個人做出來的口味都不一樣，不好吃再調整即可，最害怕的就是錯誤定義完美、成功，把看見他人活出的美好套在自己身上，以致無法活出個人舒服的狀態，甚至害怕並顧慮他人評價和想法，讓自己陷入矛盾的坑洞，忙到極度疲累也無法停下來。

自我矛盾所帶出的無力感如同雪地的坑，只有自己能幫自己離開。每個人在每個階段都會遇到不同的坑，有時候因為要離開坑而愈來愈有力量，有時候為了避免再次痛苦而學習避開這個坑或乾脆不爬，這沒有對錯，而在於我們知道自己是可以有選擇的，而選擇不止一個，是隨著不同階段和自我狀態而變動。

我們需要學會接納不完美，理解每個人都有自己的步調與優勢，這才是真正的自我成長。當我們學會把生活當成一場遊戲，也許就能找到更多樂趣與可能性，而不再被無力感所束縛。而遊戲中的「裝備」象徵了人生中的心理資源，無論是勇氣、韌性或解決問題的能力，都是面對挑戰時的強大後盾。就像遊戲中透過完成任務或打敗敵人來獲取更強的裝備，我們也需要透過經歷困難、累積經驗來強化內心。這些心理資源不僅讓我們能更從容地應對生活的各種關卡，還能在面對未知時保有穩定與信心。

09

自責與壓力蹺蹺板的失衡
——擺脫內耗，給自己留一個喘息空間

「如果可以不要有壓力，應該就不會有無力的感受吧。」

不知道你是否也曾這樣想過：要是伴侶可以不要一直追問我在哪裡，我就可以更自由地下班後和朋友喝一杯；要是沒有房貸壓力，我就可以每年出國度假，不用這麼拚命；要是不要有業績壓力，我就可以有更多時間和家人相處，不用天天加班到很晚；要是不要有人情壓力，我就可以不用總是幫別人擦屁股，搞得自

己的人生一團亂；要是沒有時間壓力，我就不用每天提心吊膽，搞到胃潰瘍。壓力真是一個壞東西，像是奪走我們身上力氣的吸血蟲，讓我們無可奈何。

當我們視壓力為壞東西時，就沒有力量面對它。但有沒有可能它也有好的部分呢？例如：因為我和伴侶總是時刻分享彼此，讓我們的關係充滿愛與安全感；因為買了房，讓我對未來的人生有了更多夢想；因為業績的目標挑戰，讓我更有努力的方向和衝勁；因為有很多在乎的人，讓我感覺到自己的存在如此重要；因為時間快到了，我發現自己可以表現得超乎平常。

壞壓力會讓人失去力量，好壓力則會讓人充滿動力，但重點是，如何讓壓力成為好壓力而不是壞壓力？關鍵就在於對自己的覺察。當我感覺到自己有一點狀態不好、有一點不舒服、有一點累的時候，我就開始多給自己一些調適的時間和空間，這樣壓力就會成為動力的好燃料。反之，當我們不注意自己的身心狀態，忽視各種壓力警訊而讓它一直累積，等到發現時，壓力已變成讓人感受到無力的壞東西。

我曾問一位專攻睡眠相關的心理師朋友，他每天治療這麼多人的失眠問題，本人也會失眠嗎？他的回答讓我印象深刻，他說他會失眠，但不怕失眠，因為只要失眠就知道自己可能有壓力需要休息了，然後就會給自己安排休假或小旅行。很多時候，光是改變對壓力的認知就已經開始擁有不同的力量，失眠並不代表完蛋了，而是該休息了；壓力不是好痛苦、完蛋了，而該去想怎麼找到方法面對。

平衡壓力，更要擁有抗壓資源

把壓力想像成一個蹺蹺板，左邊是壓力，右邊是抗壓資源。我們要努力讓蹺蹺板保持平衡，壓力愈大時，就需要更多的資源。換言之，當我們的抗壓資源愈多，也就能夠承受愈大的壓力和挑戰。因此，當壓力大到毫無力氣時，就像蹺蹺板的一端被一個大胖子坐下去而動彈不得，這時就該想，自己到底擁有哪些抗壓資源可以使用。一般來說，抗壓資源有以下幾種：

一、社會支持：與家人、朋友、同事或專業支持系統（如諮商心理師、團體輔導）建立連結，能在壓力來臨時提供情感支持或實際幫助。

二、穩定的經濟基礎：穩定的財務是減輕壓力的重要外在資源。若有理財習慣或緊急備用金，面對生活挑戰時會更從容。

三、健康的身體：維持定期運動、均衡飲食和充足睡眠，能提升身體對壓力的耐受性，減少壓力對健康造成的影響。

四、休閒與興趣：透過藝術、音樂、運動或其他嗜好，找到放鬆與釋放壓力的方法。

五、宗教或靈性信仰：對某些人而言，宗教或靈性活動能提供支持與力量。

六、社區與支持網絡：加入支持團體或參加社區活動，找到與他人分享經驗的機會。

但除了增加抗壓資源外，壓力的那端其實也是可以自我調整的。我們常覺得只要解除了壓力源，就不會有壓力，但為什麼同樣的壓力令有些人覺得痛苦，有些人卻沒有太大影響呢？壓力的那端除了壓力源本身之外，還包括了內在資源，它們就像蹺蹺板上幫助你緩衝壓力的墊子。那麼，內在資源有哪些呢？

一、心理韌性：這指的是面對困難和壓力時的適應能力，包括能從失敗中恢復的能力，以及面對挑戰的樂觀態度。

二、情緒調節能力：能夠管理和控制情緒是重要的抗壓資源，包括深呼吸、正念冥想，以及對自己情緒的接納與理解。

三、自我效能感：擁有相信自己有能力解決問題的信念，可以讓人在壓力下更有方向感和行動力。

四、生活意義感：當我們對生活有清晰的目標與意義時，壓力就不會讓人完全失控，可以透過自我反思或參與志願活動來找到生活價值。

五、應對策略：包括解決問題的能力、時間管理技巧，以及能夠找到替代方案的靈活性。

自責是一場無聲的戰爭

在這壓力的蹺蹺板中，其實最無法平衡的東西叫做「自責」，它是我們的一部分，卻讓我們無法去尋找外在資源，也無法好好建立內在資源，更是讓我們力量散失的破口。你是否曾因一件微不足道的小事責怪自己，甚至久久無法放下？這樣的自責不僅讓人疲憊，還會成為壓力的催化劑，背負更多且沉重的包袱。

壓力與自責常常是一個惡性循環。壓力帶來更多失誤，而這些失誤又讓我們責怪自己。最終，我們陷入一個難以脫身的循環，感覺無力負荷，也無法修復那些錯誤來展開新的可能。

所以，在面對壓力與無力感時，還需要辨認出自責這個破口，它不僅削弱我們的抗壓能力，還讓壓力的累積無法停止。自責是一個內耗的過程，它像是心中一場無聲的戰爭，讓我們在與外界壓力對抗的同時，又要分出力量來應對內心的苛責與批判。

會感到自責，正是我們對自己的一種失望感，也帶有一點自我懲罰的心理機制，彷彿告訴自己不應該太好，免得無法替過去負責。當我們未能達成某些目標或犯了一些錯誤時，內心的批評者便會跳出來指責：「怎麼這麼笨？」「如果當時更努力一點，結果就不會這樣。」但這些聲音並不能解決問題，反而將我們拖入更深的無力感，讓壓力與挫折感持續累積。

其實，這些責怪的聲音也會從他人口中說出，當我們正努力對抗自身的無力時，接受他人的責怪就會成為自責，讓自我停滯，他人說完話拍拍屁股就走，剩下的是孤單受傷的自己。

那麼，我們該如何堵住自責這個破口呢？

一、辨識自責的聲音：這些聲音通常帶有批判與苛刻的語氣，甚至反覆強調「應該怎樣」、「為什麼不那樣」。當你意識到這些聲音的存在時，可以嘗試與它保持距離，提醒自己「我正在努力中」、「我可以……」，或者對自己說：「我很棒了，繼續加油。」

二、接納自己的不完美：人無完人，犯錯是我們學習與成長的過程之一。

當你意識到在某件事情上有所疏失時，不妨試著接納自己的不完美，告訴自己：「這次我失誤了，但這不代表我是失敗的。」

三、將自責轉化為行動：自責如果無法帶來改變，那麼它就是毫無意義的痛苦。嘗試將自責轉化為具體行動，例如針對錯誤制定改進計畫，或向值得信賴的人尋求建議，透過行動取代內耗，便能逐漸脫離自責的泥沼。

四、善待自己，學會自我同情：面對壓力與失敗時，試著像對待朋友一樣對待自己。問問自己：「如果是我的朋友犯了這個錯，我會怎麼對他說？」這樣的思考方式能幫助自己以更溫和的態度面對自責，給予更多的理解與支持。

五、把他人的責怪還回去：當他人的批評或指責變成內心自責的來源時，我們需要學習如何「還回去」。這並非是要與人對抗或爭辯，而是清楚辨認哪些話語是基於對事實的討論，哪些則是不合理的指責。面對他人無理的責備，我們可以這樣提醒自己：「這是他們的看法，不是我的全部。」同時，練習清楚表達自己的感受與立場，例如：「我明白你的擔憂，但我也正在努力解決問題，請給我一些時間。」這樣的表達不僅可以緩解外在壓力，也能避免將不必要的責備內化成自責。

堵住自責的破口，其實就是面對無力感的一種練習。當我們因壓力與失敗而感到無助時，自責會讓我們陷入更深的泥沼，讓無力感逐漸吞噬我們的信心，誤以為問題出在自己不夠好、不夠努力，而不是因為情境或資源的限制。但事實是，無力感的本質並不是要告訴我們「你不行」，而是提醒「或許該換個方式試試看」。

學會與自責共處，用建設性的態度看待自己的失誤，是在無力感中找回力量的第一步。即使現實充滿挑戰，也請記得每一次放下自責，都是在為自己的心留一個喘息的空間。唯有如此，才能擺脫內耗，重新看見原本被壓力遮蔽的希望與可能性。

10

因爲失控，想要更多掌控
——將精力放在眞正能夠改變的部分

二〇二四年四月初，花蓮發生大地震，住在台北高樓層的我簡直嚇壞了，第一次感覺到連站都站不穩，櫃子上的東西都掉下來，電視機也直接摔壞。腦中不禁想著，萬一房子真的倒了怎麼辦？如果我家倒了，台灣豈不是完蛋了？地震停了之後，打開手機看新聞，發現花蓮有很多死傷，除了房屋倒塌，更嚴重的是最美的太魯閣整個山崩，許多人被埋在石礫裡面，離開人世。看著那些我常去的地方和災情的影片，我忍不住想哭，對於天災人禍帶給我們的未知與無法掌控，充滿了恐懼與害怕。

過了一陣子，我終於再次回到花蓮工作，特別約了在地旅行業的老闆聊聊。他說：「大家都不來花蓮觀光，車票從很難搶到隨便買都有，這是他們花蓮人的痛。但花蓮人真的很可憐嗎？倒也未必，做觀光的肯定受到很大影響，一般人生活還是差不多，而且很多以前很難訂的店變得很好預約了。」本以為他會傾訴辛酸血淚，沒想到卻讓我看見他在失控中抓住了他可以掌控的東西。他說：「花蓮不是只有太魯閣，還有其他厲害的山、厲害的海、錢也買不到的慢活，如果把太魯閣比喻成身體太操得了癌症，現在那個腫瘤動了手術割掉了，需要休息一下。這次地震讓我們停下來，看見我們不是只有太魯閣，而是要讓更多人知道花蓮的好，然後與大自然好好相處，等待太魯閣回來。如同我們生病後要改善飲食和生活習慣，而不是繼續糟蹋身體。」

生活中，舉凡考試失敗、分手、天災人禍、生病、職場霸凌、政治選舉、體重、情緒、債務等，往往伴隨著無力感，因為失控會讓我們無法預測未來，也剝奪了做選擇的自由。然而我們總是試圖想要有更多掌控，以獲得安全感，但事實上，很多事情是無法掌控的，我們只能學習接受與轉念。

辨認自己在失控中能夠掌控之事

失控是一個提醒我們人類「有限性」的機會，正因為這種有限性，我們才學會創造出屬於自己的掌控感。無論是在小事上找回秩序，還是在情緒上找到平靜，重建掌控感的過程，是我們重新與內在力量連結的重要步驟。

當我們身處混亂之中，不妨試著辨認哪些是自己可以掌控和改變的，例如行為、選擇、時間安排、學習態度等；又有哪些是無法掌控的，例如他人的想法、過去的經歷、未來的結果等。

正如美國管理學大師史蒂芬・柯維（Stephen Covey, 1932-2012）在《與成功有約》（*The 7 Habits of Highly Effective People*）一書中所說，積極主動者專注於

自己的「影響圈」，而消極被動者則將注意力放在沒辦法改變的「關注圈」。當我們選擇將精力投注在能夠影響的事物上，就能在混亂中釐清行動方向，專注於可行的改變，進而找回內在的穩定與力量。我們應該將精力集中在自己可以改變的影響圈內，而非耗費在無法掌控的關注圈。

關注圈代表那些我們關心但無法直接控制的事物，例如國際局勢、他人行為或情緒，以及不可抗力的環境因素。這些事情都可能引發焦慮，但試圖掌控它們只會讓自己感到更無力。

影響圈則是我們能夠主動改變的部分，例如個人選擇、行為、思考方式和情緒管理。當我們將精力投入到這些可控的領域時，不僅能逐漸解決問題，還能帶來更強的掌控感，進一步擴大自己的影響範圍。

當面對失控狀態時，也許停下來和自己對話：「我知道現在很無力，但在這一堆失控中，還有哪些是我能做的？我的影響圈裡有什麼是我有可能主動帶來改變的事情？」這樣的練習可以讓我們更清晰地劃分精力，而不浪費力氣在令我們更焦慮的問題，也能逐步找回對生活的掌控感。

肯定自己做的決定其實很難

在我讀研究所實習時，曾遇到一個重大的失控，那時我爸爸去醫院抽血驗尿，被告知可能得了攝護腺癌而請去追蹤。為此我們趕緊找了厲害的醫院做了檢查，確診是第四期，且格里森分數（Gleason score）[5]過高，就算治療，復發機率也很高，所以只能進行消極性治療。

面對這個突如其來的打擊，我本來應該要感到害怕，但因為感受到醫生的態度很差而有許多憤怒的感受，卻反而促使我有動力去奮力一搏。我快速查詢其他可能的方法和適合的醫生，立刻帶爸爸去台中看病。

沒想到那位醫生說：「這沒問題，雖然嚴重，但可以用達文西手術解決。我開過很多刀，不用擔心，只是手術的安排需要幾個月，因為刀很滿。」

我問醫生：「不是很嚴重嗎？這幾天有人取消的話，可以通知我們提早手術嗎？」

醫生說：「兩天後可以，但你們準備好了嗎？」

我轉頭問爸媽：「你們可以嗎？」

爸爸說：「好喔，可以。」

媽媽則非常焦慮地說：「但原本的醫生是朋友介紹台灣最厲害的醫生，我們是不是要多問問看？這樣對朋友不好意思。」

最終我快速撇開一切我不想聽的諫言，讓爸爸接受手術。而他就像割盲腸一樣，手術後就再也沒事發生，十幾年來定期回診檢查，和醫生聊天拍照，什麼化療都沒做，繼續爬山運動過生活。這一切只是因為當時我們快速做出決定，雖然當下無法知道這個決定是否正確，但冷靜想想，倘若當時出現不同的選擇而產生不同的結果，其實也不是我能控制的。對我來說，面對當時極大的無力感，我能做的就是相信並肯定做出的決定，替自己負責，不讓過多他人的情緒與焦慮影響我。這說起來容易，但在當時的狀況下，其實都是非常不容易。

5 「格里森分數」是用來診斷攝護腺癌分級的系統，分數愈高，惡性的程度就愈高。

練習增加面對失控的勇氣

失控和無力感是生命中不可避免的一部分，但它們同時也給了我們學習接受、適應，並重新建立力量的契機。接受失控並不意謂屈服，而是承認自己的局限性，將精力放在真正能夠改變的部分。當我們學會放下對無法掌控事物的執著，並專注於影響圈中的行動，便能在混亂中找到穩定感，進一步將失控帶來的焦慮轉化為成長的動力。

那麼，我們平常可以如何增加面對失控的勇氣呢？以下有幾個小練習：

一、情緒接納練習

當感受到失控時，嘗試用三個步驟來緩解焦慮：

（一）**辨識情緒**：問自己「現在感覺如何」，例如恐懼、憤怒或悲傷，給這些情緒命名，並想想這個情緒會讓自己做些什麼，然後提醒自己「這些情緒是正常的」，不要嘗試壓抑或否認。

（二）影響圈與關注圈列表：列出關注圈中無法控制的事，例如他人想法、過去經歷或環境變化，以及影響圈中能夠控制的事，例如個人行動、學習態度或時間安排。將精力聚焦在影響圈，為每件事設定一個具體的行動計畫，因為行動是直接解除焦慮最好的方法，有時即使是無關緊要的小事，也是梳理自我狀態的好方法。此外，練習每天寫下三件自己可以做的事，例如整理房間、完成一項工作任務或是抽出時間運動，完成後給自己一個小小的獎勵，就像玩遊戲闖關成功一樣，強化對掌控感的信心。

（三）自我肯定練習：每天花五分鐘，對著鏡子說三句肯定的話，例如「我正在盡力做好當下能做的事」或「我有能力適應未來的挑戰」。如此能幫助減少對失控的恐懼，增加內在力量感。

改變信念需要時間和耐心，因為它涉及我們根深蒂固的思維模式與價值觀，但調整我們的語言和說話方式，卻是一個簡單又有效的起點。從心理學的角度來看，語言不僅反映內在信念，也影響我們如何看待自己與世界。因此，透過有意識地改變語言表達，就能夠間接促進信念的轉變。

從禁止到肯定，建立更積極的心態

在成長過程中，許多人經常接收到「禁止式」的話語，例如「不可以做這個」、「不要犯錯」，這些語言雖然出自保護或教導的意圖，卻可能限制了個人的自信與行動力。因此成年後，我們需要學會成為自己的支持者，透過「容許式」和「肯定式」的語言來調整方向，帶來積極的心理影響。

一、從否定到肯定：「不要緊張」改為「放輕鬆，深呼吸一下，我可以的」；「絕對不可以出錯」改為「好好專注做好眼前的事，『對』比『快』重要」。

二、從批評到支持：「我怎麼這麼慢」改為「每個人都有自己的步伐，慢慢來沒關係」；「我又做錯了」改為「下一次我可以做得更好，好好練習，調整好自己的狀態」。

三、從壓迫到鼓勵：「我應該更努力，我太廢了」改為「我已經有很多做得很棒的地方，好好努力和好好休息一樣重要」；「我不能失敗」改為「無論結果如何，我的很努力都值得肯定！Just do it」。

四、從負面情緒到正向思考：「這太難了，我做不到」改為「這看起來有挑戰性，我可以的，先試試看再說」；「為什麼我總是這麼倒楣」改為「每個考驗都讓我看見自己一天比一天強大，我比我想像的還厲害」。

五、從消極到積極：「這一切沒希望了」改為「即使現在看起來困難，還是會有轉機的」；「都是我害了大家」改為「面對責任，一起看看怎麼解決問題」。

六、從焦慮到接納：「如果我失敗了怎麼辦」改為「只要願意嘗試，就會是一種成長」；「事情一定要完美！不可出錯」改為「盡力把事情做好，過程比結果重要」。

透過語言的調整，不僅能減少內在壓力，也能帶來更多的選擇感和自由感，進一步增強內在力量與自我鼓勵的能力。別把不會對朋友說的話對自己說，練習成為自己的朋友，而不讓自己成為偷走個人力量的教官。

第四章

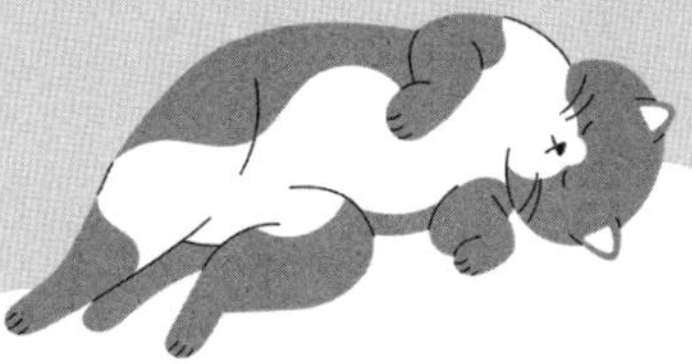

轉化人生無力感

◆ 從面對小小的無力感練習

——挖掘最深的使命與情緒，重新長出勇氣

◆ 覺察並找到自己的需求

——不被外界綁架，讓內心與需求站在一起

◆ 轉化無力的行動練習

——微小而持續的改變，是最好的解藥

埃及王子摩西出生在希伯來人奴隸家庭，為了避免被埃及法老的屠嬰命令殺害，他的母親將還是嬰兒的他放進籃子置於尼羅河岸邊。摩西被法老的女兒發現並撫養成為埃及王子，但他知道自己是希伯來人，也清楚埃及人對希伯來奴隸的欺壓，每天目睹同胞遭受壓迫和虐待，他內心充滿矛盾與掙扎。

在一次衝突中，摩西無意間殺死一名虐待希伯來奴隸的埃及士兵，被發現後便趕緊逃離埃及，躲避法老的追捕。在曠野中，摩西經歷了一段長時間的放逐與迷茫，直至有一天，他在燃燒的荊棘叢中聽到上帝的聲音。上帝賦予他使命，要他回到埃及，帶領希伯來人脫離奴隸生活，走向自由。雖然摩西一開始充滿疑慮，認為自己缺乏能力和資格承擔這樣的責任，但最終，他克服了恐懼與無力感，回到埃及完成了使命。

摩西的無力感來自於他在身分與能力的矛盾，也就是「我是誰？我的歸屬感在哪裡？」。身分的矛盾讓他感到迷失，甚至開始覺得自己不配待在皇宮，也不配與同胞一起，沒有屬於他的立足之地。

而他在殺了人且被質疑後，逃到曠野躲避追殺，試圖遠離過去的責任與內心的糾結。但真正的轉變，發生在他選擇真實面對命運並接受上帝使命之後。上帝對摩西說話，我們可以想成自我對話的信念，逃避沒有不好，也許只有在停頓後，才有辦法聽見內心的聲音。覺察，是最深層信念的引導。

但無力的摩西沒有自信，懷疑自己的口才和領導能力。上帝透過各種方式讓他明白，他是擁有完成使命潛能的。轉化無力感常需要尋求外界支持，同時相信自己有能力應對挑戰。

最終，摩西選擇回到埃及，面對法老並爭取希伯來人的自由。這一勇敢行動改變了無數人的命運，也讓摩西成為一位偉大的領袖。但離開埃及又是一大波折，也並非所有人都感激他，甚至出現許多抱怨和攻擊。摩西因為憤怒而砸了十誡，無法進入應許之地，但他依然完成屬於自己的使命。

摩西的故事不僅是一次歷史性救贖，更是從無力到充滿力量的典範。他的經歷告訴我們，無力感不可怕，重要的是如何面對它。透過覺察內心、尋求支持、接納個人能力並勇於行動，我們也能轉化無力感，找到屬於自己的自由與力量。這是一場從迷失到使命的旅程，而每個人都能在其中找到自己的影子。

11

從面對小小的無力感練習
——挖掘最深的使命與情緒，重新長出勇氣

有時候無力的感受來得很突然，以我來說，每個月都會有幾天陷入惆悵感，擔心工作是否有辦法完成，或是覺得有好多事沒做好。幾天後月經來了，我發現那份惆悵就不見了，荷爾蒙真是個奇妙的東西。但對憂鬱症患者來說，無力感絕不是想開一點就可以解決，也絕不是笑一個就能夠改變。

快樂可以比較嗎？可以，但快樂就不那麼純粹了；痛苦可以比較嗎？可以，

但我們永遠無法真正理解別人的痛苦。這世界缺的是同理而不是指教，這世界缺的是愛而不是冷漠。心理師常說，每個人都擁有解決自己問題的能力，但這種能力真的是在足夠的自我接納和愛的包圍下才能長出能力。只可惜，受到環境快速的變動、人際間各種磨合、自我責怪與情緒的壓抑，我們總是感受到無力。

這世界真的有好多令人難以理解的事。韓國影集《魷魚遊戲2》再次把一群走投無路的人聚在一起玩遊戲，贏者可以得到獎金翻轉人生，輸者就會被擊殺。每天看著一堆人死亡，每天面對各種恐懼，有無數人想離開，但有一群人決定拚下去。從正面來看，他們充滿信心，即使面對恐懼也想要奮力一搏；從另一個角度看，則是他們已經走投無路，無法照顧自己和他人，無力感已經大到連死亡都不算什麼，所以最終所有人都被困在遊戲中，成為有錢人的玩物。

看劇時我一直覺得不離開的人好可惡，就像流氓一樣難溝通。但停下來想想，若可以不用進到遊戲而過著正常生活，誰想要如此呢？每個難以理解的人背後都有屬於自己的故事，這是他面對無力感的方法，是他的行動，也許在大家眼中是錯的，卻是在沒有選擇的過程中最後的選擇。無力感看似讓我們想放棄做出任何選擇與行動，其實是向內挖掘自身最深的使命與情緒，然後重新長出勇氣。

照顧自己，才能做好更多事

每個人都有自己習慣的工作或生活模式，能夠找到屬於自己的模式並習慣它，是再好不過的事，只是總會有突發事件來改變這個習慣。譬如健康檢查突然發現脂肪肝，於是必須把習慣回家看電視的時間挪去運動；突然分手後使得你徹夜失眠，上班遲到又接連出錯；突然遭公司解雇，不知道如何和家人交代，依然每天假裝出門。這些看起來都不是很好的事，但有沒有也是有相反的結果呢？例如經營很久的頻道突然有一支影片爆紅，因此開始有業配合作的機會；突然得到一個旅外的工作機會，決定去挑戰新的生活；突然遇到一位好老師，讓你決定更努力學習。這些突然，真的有好多不是自己能控制的，卻可能來自於日常不斷累積的結果。

我的工作模式是可以連續工作，但也需要很長時間的休息。大家都說我是個活潑外向的心理師，每次工作都能在好多人面前開講。但更多時候我喜歡獨自一人，享受一個人看電影、姿態很醜地睡覺、一個人吃飯不用擔心價錢、一個人在家穿睡衣。儘管如此，我也喜歡和朋友旅行、運動、唱歌，少數幾人的互動讓我覺得很舒服。

有一陣子我因為連續安排了太多工作，出門工作十幾天，看著行事曆都感覺到很疲憊。直到發現下一個週日有一天休息日，突然有股救贖的感覺。於是星期六結束工作後，我騎車去我愛的蛋糕店買了一條生乳捲，打算當成給自己辛苦的犒賞，而且不設鬧鐘睡到自然醒。

果然，我睡到快中午才醒來。第一件事就是先吃一塊蛋糕，接著拿一張紙寫下當天可以做的事情，像是找工作的住宿、剪輯 Podcast、預備課程講座簡報、寫業配文、看書發表心得文等。其實我很少會把事情寫下來，但因為那陣子實在太忙碌，寫下來才會知道要如何一一解決。

接著我告訴自己：「一天完成一件有意義的事就夠了，剩下多做的都是賺到的。」這是我最常告訴自己的一句話。看著代辦清單的處理順序，每完成一件事就吃一塊蛋糕，然後滑滑手機或回床上躺一下，把難度最高的「預備課程簡報」放到最後再做。到了晚上，我發現我吃光了整條生乳捲，也把那些看起來多到繁雜的代辦事項完成了。其實這樣慢慢地做，反而比一直逼迫自己坐在電腦前卻什麼事也做不出來更有效率。

當然也不是每一次都能這麼都順利，我也有非常多時刻卡關在一些不知道如何是好的狀態。《認真的你，有好好休息嗎？》書裡提到人有三力，即「體力」、「腦力」和「心力」，我們需要讓這三力平衡，才能充滿活力。也就是當我停下來覺察自己到底是哪個力無力了，才能夠正確地補充那個力，不讓三力互相打架。

例如打電腦、寫文章讓我腦力耗損，我需要滑滑手機讓大腦冷卻；連續的工作早起和忙碌的交通讓我睡眠不足，我需要一個睡到飽的自由時光；面對工作的壓力和各種承辦的要求讓我心累，我需要一個屬於自己的完整時間，好好休息。就這樣當我好好照顧自己後，漸漸地無力感就消失了，轉化為一股動力，讓我能夠做好更多的事。

讓每個小小的無力轉為動力

前面幾章提到的無力感，總會讓人想到一些沉重的事，但透過上述我所分享的這個再平凡不過的日常，就和奧運選手上場比賽前練習的日子一樣，我們每個人都可以自我檢視，看看每個小小的無力如何轉化為動力：

一、覺察無力的來源：連續工作十幾天，感覺到疲累，我意識到無力感的根源來自身體、心理和大腦的過度負荷，唯有停下來「自我覺察」，才有辦法「自我照顧」。當我們能清楚辨識壓力或疲勞的具體來源時，就能更有效地針對問題解決。無力感通常來自過度承擔壓力或資源耗竭，停下來覺察是改變的第一步。

二、找到屬於自己給力的方法：體力耗損可以用自由的睡眠時間恢復精力；

腦力耗損可透過簡單的活動（滑手機或躺著）給予大腦放鬆；心力耗損可透過讓自己感到愉悅的小獎勵（吃蛋糕）來滋養情感，一個人在家好好做自己。當感覺到某個「力」被消耗時，可以經由不同的活動來對症下藥，避免盲目地硬撐，否則三力互相影響只會更加消耗。很多人說睡眠是最基礎的修復，能好好睡覺休息很重要，但很多時候心煩會影響睡眠，造成心力和體力互相打架，以致沒辦法好好休息。

三、小步驟分解與正增強：我的座右銘是「一天完成一件有意義的事情就夠了」，這讓我有「耍廢的勇氣」。其實，我們可以將任務分解成可管理的幾個小部分，不僅有助於減少壓力，還能帶來更多的成就感。然後每完成一項任務便以吃蛋糕或休息作為獎勵，給自己「正增強」的能量。所以練習將目標合理化，透過每個小目標的達成，為自己建立正向的回饋循環。

四、找到屬於自己的儀式感：從買蛋糕到吃蛋糕的過程中，我除了在進行一項簡單的活動，更是創造一個讓自己期待的「儀式」；儀式感不僅能提升生活的質感，還能幫助人在無力感中找到掌控感。只要學會在生活中設立小小的儀式感，就能為平淡甚至困難的日子注入色彩和動力。

五、接受不完美的過程：我知道自己並不是每次都能順利完成很多事情，有時也會卡關、會焦慮、會自責，但我不要求做到完美，而是盡力把該做的做完，也允許那些比較困難或比較不急的事情延後一點。我允許自己慢慢來，重點是對自己負責任。允許過程中的挫折，並將其視為正常的一部分，有助於減少自我批判，保持動力。

活出真正的自己

有一天我搜尋短影片時，看到一段有趣的對話。

健身房裡，一個瘦瘦的男生對著一個壯壯的男生說：「你的線條真好，每天都練幾個小時？」

壯壯說：「大概一小時吧。」

沒想到瘦瘦開始說教：「你怎麼不多練一點，讓自己更壯？其他時間都在幹嘛？」

壯壯說：「吃飯、睡覺、出去走走、散散心，做些不是健身的事，或和朋友聚聚，健身只是我生活的一部分。」

瘦瘦皺著眉頭回應：「你應該要更努力，每天至少練兩小時，然後當健身教練，累積人氣開健身頻道，分享健身心得，搞搞聯名商品，開自己的健身房，當個健身界的大咖。到時候你就財富自由，可以做自己想做的事。然後吃好睡好，每天只練一個小時，輕鬆練，讓健身真正成為你生活的一部分。」

這支諷刺的搞笑短影片來自健身選手「IFBB PRO 超級熱狗王」的頻道，瘦瘦說的話非常有道理，卻提醒我們停止當個說教仔。這位壯壯的男生其實做到了瘦瘦說的所有事情，換言之，就算你做得很好，還是有人會對你批評與說教，甚至有時候那個說教的人就是自己。說教的確會讓人成長，但若沒有讚美，我們就沒辦法享受努力的過程。告訴自己「我很棒」，不只是一句稱讚或炫耀，而是一種自我提醒，讓我們有力量面對焦慮、恐懼、無力，以及他人的質疑與攻擊。

網路流傳一個名詞叫做「假性努力成癮症」，形容一個人忙得團團轉，無法讓自己休息，停下來就焦慮，但回頭看卻仍在原地打轉沒做任何事。問題是，我們真的需要這麼忙嗎？這樣的人生比較好嗎？到底生活中有哪些事重要、哪些事不重要？停下來會發生什麼事？忙碌的背後是逃避還是成長？我嚮往怎樣的生活，這個嚮往還很遙遠嗎？忙完之後的我感到空虛還是滿足？

很多事情，你現在就可以做到，例如找時間去度假、花時間學習才藝、帶家人出去走走，但社會環境會叫你不要停止，以免被社會的洪流沖得什麼都沒有，因為「現在的努力是為了未來的自由」，但明明努力和自由是可以同時享有的，不是嗎？

過程和結果哪個重要，其實當我們開始比較時，錯誤就發生了。覺得過程重要的人也許天天享受小確幸，月光族過爽爽卻沒有對未來做好準備；覺得結果重要的人拚命賺錢，存下很多錢卻沒有朋友，不知道如何玩樂，總是與工作相處；而覺得兩者都重要的人就更糟了，拚命工作賺錢，但不知道錢賺到哪裡，沒有玩樂、沒有朋友，錢也沒存多少，不斷進修、購買奢侈品和保養品，最後剩下的只是被無力感充斥的人生。

注重過程的人可能忽略了長遠的準備，注重結果的人則可能犧牲了當下的幸福。然而，無論哪一端失衡，都可能導致無力感的累積。因此，重要的是能夠根據自己的需求，找到屬於自己的平衡。我們可以試著設定帶來即時滿足感的短期目標，以及幫助自己保持前進方向的長期目標，例如每天完成一件有意義的小事，並且每月反思是否朝著大目標邁進。

所以，結果和過程不是重點，重要的是能好好審視自己的需求，好好安排優先次序，好好地讓自己該努力時努力、該休息時休息，為自己和所愛的人努力。當我們停止用外界標準衡量自己，學會自我欣賞、找到生活的平衡時，就能從忙碌與比較的迷霧中抽身，過上屬於自己的充實生活。無論外界如何評價，內心的滿足感才是最重要的，因為活出真正的自己，自然會吸引對的人和對的機會，讓人生更有力量與意義。

12

覺察並找到自己的需求
——不被外界綁架，讓內心與需求站在一起

面對無力感時，我們常覺得被困住了，無法改變現狀，連自己真正想要什麼都說不清楚。但無力感的根源往往不是環境本身，而是我們對自身需求的不清楚、不表達，甚至不允許。當我們無法覺察自己的需求，便容易順從外界的期待，壓抑內心的渴望，最終陷入持續的疲憊與空虛。

別讓無關緊要的事物影響太久

每個人的內在都有一些最基本的需求，講到需求，最常提到的就是馬斯洛的需求層次理論，有生理的需求、安全的需求、歸屬感與愛的需求、尊重的需求、認知的需求、審美的需求、自我實現的需求。當你感受到無力卻不知道該怎麼辦時，不妨從這七個需求中去確認是少了哪一個，以及可以做些什麼，然後跟自己進行對話。

例如有一次我到一所私立高職演講，同學們不是姍姍來遲、吃東西，就是戴著耳機，根本沒人想聽。其實這種事情經常發生，然而這次是連續三個班級在一整天的時間、同一個講座講三次，每一場都像是在對空氣講話，有種靈魂被抽乾的感覺。工作結束後我真的覺得很無力，我到底為什麼要這麼卑微，現在的學生根本沒有任何尊重，我為什麼要花心力跟他們上課！這時候的我需要的是「尊重的需求」。

回家後我花了一些時間寫下當天的心情，這通常是我很無力時會做的事，也就是透過墨水把混亂大腦中想的事情整理出來，例如：「今天好累，學生好混，我想要被尊重，但我知道並非我教得不好，而是他們已經習慣這樣的方式，是制度的問題，也許到了他們真的想學習的那天就會認真了。我不需要替他們的人生負責，我只是去一天，而平常他們的老師教學是每一天，真是不容易。」

接著。我想我可以反思以及能做的事是這樣：

一、這週還有好多很棒的課，與學員有很好的互動，不是每一次工作都很好，但也不是每一次都很爛。

二、下次我可以不再接這所學校的邀約，又或者不接一整天的講座，太耗費心力了，要把時間留給更好的工作。

三、想想可以有怎樣的教學方法增加學生的興趣和互動，這是一種挑戰，讓我愈挫愈勇。

四、我今天賺到錢了，領的是精神賠償費而不是薪水（幽默自我調解）。

我的心理師朋友曾對我說：「我很佩服你可以去一些毫無動力的地方辦講座，很多來聽免費講座的人常是被逼來的，講一場就扼殺一場生命，所以我決定當個好好接案的心理師就好。」

我告訴他，雖然我也常覺得很累，但就把它當成工作的一部分。幸運時，工作讓人愉快又有成就感，還有薪水拿，但有時候工作就是工作，不是每份工作都能讓人實現自我，把自己該做的做完就好。不要賦予工作太高的期待，就不會這麼受傷害。

在職場上，我們經常會遇到許多「逼不得已」的狀況，無論是來自環境的限制，還是他人或自我的期待，這些都可能影響情緒。但我們可以透過調整心態，學習讓那些無關緊要的事物影響的時間愈來愈短，並使影響的程度愈來愈小。相對地，對我們而言真正重要的人事物如家人、伴侶、同事，卻往往對我們的心理狀態產生更深遠的影響。

無力感往往來自需求的缺失

我曾聽過一個說書型 Podcast 談到溝通的核心原則，從馬斯洛的需求層次理論延伸出一個關鍵觀點，即我們想要與重要的人建立良好的關係，最根本的做法就是學會理解與表達需求。這包含幾個步驟：

一、辨認自己的需求：你需要什麼？你的情緒背後有怎樣的需求？什麼事會讓你感到滿足而不是無力？

二、勇敢表達需求：讓他人知道你的期待與界限，不表達的後果可能是讓人誤會，默默壓抑反而會讓誤解累積。

三、理解他人的需求：需求是變動的，當你學會傾聽，就會發現對方的需求和自己的差異，然後適度做出調整。

四、在互相磨合與包容的過程中找到平衡：很多看似很大的無力感，其實包著一個小小的核心，那就是愛與理解，不妨試著讓愛與理解成為轉化無力感的潤滑劑。

要滿足需求，最需要的就是時間，轉化無力感亦是如此。當我們的需求被看見（自己或他人）、被回應，內心的匱乏感就會減少，取而代之的是穩定與力量。接下來看看這些最核心的需求，並思考自己在哪些方面仍感到匱乏，又該如何滿足這些需求。

一、歸屬感的需求：我們渴望被接住、被理解，知道無論發生什麼事，總有人願意陪伴自己走下去。歸屬感來自於「我們在一起，就是家，就是幸福」，這讓我們能夠放心做自己，並真誠為彼此付出。

二、放鬆、休息與快樂的需求：生活不該只是為了生存而奔波，每個人都需要適時放鬆與享受快樂。可以是一段真正的休息時間，也可以是與朋友相處時能自在做自己。

三、被理解、被關注、被傾聽的需求：當覺得沒人理解自己時，那種孤獨感就會放大無力。真正的連結來自於：當你開口時，有人願意聆聽；當你脆弱時，有人願意陪伴。即使身處人群之中，如果沒有真正的心靈連結，我們仍舊會感到孤單。

四、學習與探索的需求：好奇心帶領我們成長，讓我們踏入未知的領域，探索這個世界的可能性。當我們願意接觸新事物、挑戰舒適圈，就會發現自己原來還有許多潛力尚未發掘。然而若缺乏學習的動力，世界就會變得愈來愈狹隘，生活也會漸漸陷入無聊與停滯。

五、選擇的需求：有選擇，就代表擁有一定的自由。能力、財富、地位確實能帶來更多選擇權，但即使在日常生活中，我們也有許多小選擇可以做，像是選擇自己想要的生活方式、負責任地活著、為自己的人生做主。這些選擇，最終決定了我們的價值與方向。

六、信任感與安全感的需求：我們都需要一個讓自己感到安心的環境，以及值得信任的人，但真正的安全感並不僅僅來自外界，也來自內心的穩定。學會建立內在的安全感，並選擇值得交往的人，共同經歷人生的美好，這需要時間，也需要用心經營。

七、支持、尊重的愛與被愛的需求：無論社會地位高低，每個人都渴望受到尊重，渴望在關係中感受到愛，而非批判與攻擊。成為善良的人或許短期內看起來有點吃虧，但隨著時間推移，慢慢會發現哪些人願意同樣地給予愛與尊重，哪些人則不值得深交。

因此，當我們感到無力時，與其陷入自我批判或責怪環境，不如停下來問問自己：我的內在需求是什麼？因為無力感往往來自需求的缺失，當我們看見、理解並積極回應這些需求時，內在的力量便會重新回到手中。

滿足需求，從改變自己開始

然而，滿足需求不一定是一蹴可幾的事，而是一個需要時間與練習的過程。透過辨識需求、表達需求、理解他人、找到平衡，我們便能在關係與自我之間建立更健康的連結，讓無力感不再成為生命的桎梏，而是成長的契機。

很多人會問：「如果我沒有人可以傾訴，甚至覺得自己沒有朋友怎麼辦？」這種孤立感往往來自於「歸屬感的需求」未被滿足。社交關係的建立需要時間，但它並非全然依賴外在條件，而是可以從自己開始改變。

如果你覺得自己沒有朋友，試著從以下方向出發：

一、先成為自己的朋友：理解自己、照顧自己，當你願意傾聽內心的聲音，就會更容易與他人建立真實的連結。

二、主動出擊，尋找有共同興趣的圈子：無論是讀書會、運動社團或線上論壇，找到與自己價值觀或興趣相符的群體，會讓交朋友變得更自然。

三、練習給予，而不只是等待：友情並非單向獲取，而是雙向流動的關係。主動關心他人、提供支持，能讓自己成為別人願意親近的人。

四、接受人際關係的變動：朋友的多寡不代表個人價值，重要的是質量。建立真正能支持彼此的關係，比勉強自己融入一個不適合的群體更重要。

或許我們無法改變所有環境，但可以選擇如何回應這個世界。我們可以選擇什麼值得投入、什麼該放下，選擇不被外界綁架，回到內心與自己的需求站在一起。當我們開始這樣做就會發現，即使世界依舊混亂，內心卻能擁有更大的穩定與自由。

13

轉化無力的行動練習
——微小而持續的改變，是最好的解藥

二〇二四年，我做了一件很厲害的事，就是去運動！討厭運動的我看著健康檢查過高的體脂肪，知道自己已到了無法自由大吃大喝的年紀，於是報名了飲食課程，聽了許多醫師、營養師分享對食物的認識。心理師也教導了瘦身的心態，要想有健康的身體，就得控制嘴巴和運動，其中最重要的是建立習慣，然後有意識地去選擇，同時要面對壓力，減少無意識的情緒性進食。

某日朋友約我去上 CrossFit 的運動團課，上了一堂課後覺得好累，沒有想再去第二次，但因為該月正好在辦活動，團課只要兩百元，想到自己一定不可能主動去運動，就趁著優惠時刻付錢逼自己去上課。沒想到就這樣持續了一年，也成了我人生中最常運動的一年，從一週一次到比較悠閒時一週去了四次，從回到家坐在電腦前摸魚，變成願意在寒冷的下雨天換衣服騎車出門，我告訴朋友：「我還是不喜歡運動，但喜歡那個願意去運動的自己。也許哪一天我會真的喜歡運動，成為真正健康的人。」

給自己一小段純粹的時間

運動期間，其實生活中也有許多無力，除了工作到處奔波的疲累壓力，正好也遇上自己面臨信仰轉換的時期，在人際相處和價值觀上都遇到考驗，但其實許多問題早已存在，只是在等我真實地面對。我發現，運動似乎是一種短暫逃避的好方法，全然專注著面對課表，瘋狂地完成「當天的ＷＯＤ」（workout of the day），很大的重量和很喘的有氧甚至還有體操的挑戰，每次下課後都是滿身大汗躺在地上動不了，身體雖累，但大腦好放鬆，我每次躺在地上暖身時都會想：「這就是多巴胺的力量吧！」由於運動中遇到熱情的教練和一起努力的同學，從一起完成任務的擊掌到之後相約吃喝玩樂，有種回到學生時代的感覺。當我以為自己只是想讓身體變健康，沒想到心靈也跟著健康了。

深度的人際交流也許不是這麼容易，也不是這麼安全。很多時候參加了宗教團體或靈性活動，總瀰漫著一種氛圍希望你能敞開心胸，彼此相愛，然後把每個人都當成家人。但當你要承擔許多人的重擔和情緒時，這樣的關係就不輕鬆了。因此，一個剛剛好的活動如健身、讀書會、社區大學等，可以讓自己在生活中有一小段純粹的時間，這其實是一件非常重要的事，就算活動只有短短一期，你的生命也會因此慢慢變得豐富。

當無力感長期盤踞在內心時，很容易陷入被動狀態，也就是覺得自己無法改變現況，找不到出路。或許你曾試著鼓起勇氣做些改變，卻因為沒有立刻看到效果而更加沮喪，甚至懷疑自己。給自己一點時間吧，遠離網路，專注於某一件事情上，慢慢找回內在的掌控感，就能從無力的泥沼中一點一點地走出來。

其實，你並不那麼無能為力

最後，透過下列轉化無力的行動，讓我們從中選擇自己可以做的部分，調整日常習慣，改變看待問題的角度，進而開始察覺，你會發現，其實自己並不那麼無能為力。

▼內在探索

一、承認並接受無力感：允許自己感受無力，不必壓抑情緒，這是走向改變的第一步。對自己說出自己的狀態，例如：「我真的覺得好生氣、好受傷，我好想要他們付出代價！」（要罵髒話也可以，但注意別輕易在網路上攻擊他人。）

二、重新定義目標：把大目標拆分為小步驟，讓每個階段都能感覺到成就感。並提醒自己「我很棒」，成為自己的鼓勵者。

三、覺察與反思：透過書寫日記或安靜的時間，檢視自己的信念與情緒來源，找出無力感的根本原因。也可以透過自由書寫整理混亂的大腦，重新用第三人稱的視角閱讀並反思寫下的內容。

四、重塑思維模式：用積極的語言替代負面的自我對話，例如將「我辦不到」改為「我可以試試看」。

五、聚焦可控範圍：專注在自己能改變的事物，放下對不可控因素的執著。

六、回顧過去的勝利：列出曾經克服的困難，提醒自己「不是第一次面對挑戰，我有能力撐過去」。

七、記錄能量起伏：每天簡單記錄自己的「能量等級」（一至十分），以及影響你的主要因素，了解什麼讓你感到疲憊、什麼讓你有活力。

▼外在支持

一、尋求專業幫助：找到值得信賴且成熟的人分享，或是和心理師聊聊，從中看見和探索自我，得到勇氣。

二、加入支持群體：參加與自己處境相似的社群，分享彼此經驗與獲得情感支持。

三、與信任的人傾訴：和朋友或家人聊聊你的感受，透過交流釋放壓力，並請對方不要說教，學習表達內心的需求。

四、尋找榜樣或導師：向啟發你的人學習，觀察他們如何克服挑戰。

五、給朋友傳訊息：找一個很久沒聯絡的朋友並主動問候。

六、學會區分「有毒關係」：注意身邊哪些人讓你覺得疲累、焦慮、被消耗，開始有意識地減少與這些人互動。

▼行動與實踐

一、設立每日例行：建立簡單的每日計畫，幫助自己恢復秩序感與動力。

二、學習新技能：嘗試一項新技能或興趣，提升自信與成就感。

三、運動與健康生活：透過規律的運動釋放壓力，藉由均衡的飲食改善身體能量。

四、設定界限：學會對不必要的負擔說「不」，保護自己的時間與精力。

五、實踐小行動：每天完成一件小事，每天做出不同的選擇，讓自己逐步感受到控制感回歸。例如當別人問今天要吃什麼，不要回答「隨便」。

六、整理一個小空間：例如清理桌面、摺好一疊衣服，讓自己專注於一件可以完成的簡單任務，帶來即刻的掌控感。

七、設定一個五分鐘計時器：告訴自己只做五分鐘就好，一旦開始，往往會持續更久。（同理，一週運動一次，之後也許會因為習慣而增加次數。）

八、練習獨處：一個人去咖啡廳、看電影，練習享受獨處時光。

九、改變一天的開始方式：嘗試不同的晨間儀式，例如不滑手機直接起床、吃頓豐盛早餐、聽一首讓人開心的音樂，找出最適合自己的方式。

十、規畫一趟旅行：無論是自己或與他人一起，從國內旅遊到國外旅遊，把網路上看見的旅行景點實際規畫，並且真實地去體驗。

十一、金錢管理：好好理財，同時學習捐款給弱勢團體，買禮物給在乎的人，或寫卡片給需要的人，讓金錢成為愛的流動，而不是綑綁和焦慮。

▼心靈成長

一、感恩練習：每天列出三件值得感恩的事，培養正向心態。

二、培養靈性或宗教信仰：透過祈禱或與信仰連結獲得內心的平靜與力量。

三、練習給予和付出：走進他人的世界，並且給予和付出，從中找到意義與價值。

四、給自己一個「情緒出口」：好好哭一場、聽一首能觸動心靈的歌、大聲唱歌或吶喊，允許自己釋放情緒，而不是壓抑。

五、擁抱自己或給自己一點身體接觸：把手放在胸口，深呼吸，對自己說：「我知道這很難，但我陪著你。」

六、閱讀：例如閱讀心靈成長書籍，並與他人分享和實踐。

▼建立長期策略

一、定期檢視生活方向：每隔一段時間，重新檢視自己的生活目標與價值觀，調整優先順序。

二、學習情緒管理技巧：學習不同的情緒與背後的需求，同理自我與他人，提升應對壓力的能力。

三、擁抱失敗與成長：接受失敗是學習的一部分，將其視為成長的機會，而非能力的否定。

四、暫時「擱置」問題：告訴自己「現在需要休息，明天再想」，允許自己暫時不解決，先恢復能量再說。

真正讓人重新找回力量的，並不是一蹴可幾的劇變，而是微小但持續的行動。如同前面所說的運動，對我而言原本只是一次偶然的選擇，卻成為一種讓身體強壯、讓心靈安定的方式。朋友問我怎麼做到的，我想是當時正好遇到兩百元特價吧。上帝一定在我們無力的生活中安排了非常多的禮物和小天使，很多時候就是這麼剛好，你遇見了這個人、找到了這份工作、得到了流量密碼，但殊不知其實你之前也做了很多累積。我們都無法立刻翻轉一切，卻可以選擇專注當下，做出一個極微小的改變，而這個改變，很有可能成為走出無力感的轉折點。

或許我們都會經歷低潮、感到無助，但行動才是最好的解藥。無論是運動、學習新技能、尋找支持，或是單純專注於一個小小的改變，這些都是讓自己逐步找回力量的方法。而在這個過程中，我們不只變得更健康、更有力量，還會發現原來我們遠比自己想像的更有能力去改變、去選擇，去成為更喜歡的自己。

後記

我們想要抓住的，是安全感的浮木

「嗨，你好嗎？」這是我常對自己說的話，而且每天都會問好幾次。

我很喜歡與自己對話，但不是那種高級的反思覺察，就是從一句「嗨，你好嗎？」開始，一兩句的自我對話後，我就去忙應該做的事。有時候如果知道自己可能不太好的時候，就會用手寫的方式來回應「嗨，你好嗎？」這個問題，大概花個三到五分鐘，然後停下來看看究竟寫了自己是怎麼不好。

回到最自在的自己

分享一下我最近一天的普通生活。

一早六點多起床，準備九點去基隆上班。我問自己：「嗨，你好嗎？」然後我回答自己：「超睏的，救命！等一下一定要去買咖啡。」然後就去上班了。

這天上班很特別，是書商的邀約，對方答應開車載我去，比起原本需要舟車勞頓在大雨中轉車，我覺得真是很輕鬆。到了學校之後，老師說：「要等家長過來，還有一個小宣導的長官開場才會輪到老師，然後因為還要留時間給導師，所以基本上大概講四十分鐘就好，最晚到十點半。」我坐在最後面看著校長的開場，問了自己：「嗨，你好嗎？」然後我回答：「滿好的，我只要講一小時就可以領到三小時的錢，雖然我不知道到底幾點才能開始。」

工作結束後回到家，我快速吃了飯並睡午覺，沒想到醒來已經是下午四點，我問自己：「嗨，你好嗎？」我回答：「睡得很爽，但有點糟糕，把寶貴的時間都睡掉了，還有好多事情沒做。」接著問自己：「有什麼事情很重要到今天必須做？」我想了想：「其實還好，大部分的事情都還在計畫之內，沒有今天非做不可的事。」然後又問自己：「所以今天做了什麼有意義的事情？」我回答：「一早認真上班賺了三小時的錢。」我告訴自己：「今天很棒了，剩下的時間想幹嘛就幹嘛吧。」最後我打開 Netflix 搭配超慢跑，度過耍廢的一天。

我的一天聽起來好像還不錯，但感覺沒什麼生產力，只做了一件事，其他時間不知道在幹嘛。不過我做到一件很重要的事，那就是「接納自己的狀態」，同時也做到一件很厲害的事，即「慢下來，什麼事也不做」。

在這個快速變動的時代，我們每天被迫去做很多事，深怕停下來就跟不上別人，對自己有很多期待，沒辦法好好接受自己停滯，心力總被許多人事物給瓜分掉，常常不知道在忙什麼，很容易就受到情緒影響，連停下來問自己「嗨，你好嗎？」的力氣都沒有，因為答案通常是「還好」、「不好」、「好喔」，如同青少年慣性的短暫回應。這背後其實是因為我們太少停下來和自己對話，又或者對話時總會出現自我責怪或抱怨環境的語言，講完後反而覺得更糟，還不如不說。

「一天做一件有意義的事情就夠了」，這是我的座右銘，也是我每天感受到無力時對自己說的話。我常分享給身邊朋友，很多人都認為這個想法似乎真的能讓自己輕鬆一點，並把專注力拉回到自己身上，好好自我鼓勵。沒有人天生就充滿正能量，也沒有人可以時時刻刻保持快樂，很多人叫我「歡樂心理師」，因為我總在網路上分享歡樂有趣的事，但身邊好友常會開玩笑說：「沒人知道你今天是暴怒心理師。」「沒人知道你今天是憂憂心理師。」「沒人知道你今天是擺爛心理師。」我歡樂不代表我不會厭世、不會自責、不會逃避拖延該做的事，但我依然認同自己是個「歡樂心理師」，因為這是我期待的生活態度。所以我會對自己說「嗨，你好嗎？」，陪伴自己從不好的情緒和狀態中，慢慢走回到最自在、最舒服的自己。

厭世的背後，其實是無聲的嘆息

回到我那普通的一天，如果是個心力耗竭又厭世的人，會怎麼面對這一天？

一早下大雨，大老遠跑去上班，卻只講一個小時，還希望我可以提早到，然後在那裡乾等，學校根本只把我當成小丑，隨便上台講講話就好，感覺很不尊重人。而且他們沒有人知道我是誰，也未事先做功課，根本就是看我年輕！回到家很累，一睡就到了四點，到底我被操得多慘啊？每天工作如此奔波，還有一堆做不完的事，太多太難不知道怎麼辦，只好去追一下劇，反正我就爛，而且沒人在意我的工作有多辛苦。今天一整天很無力，都是一早的鳥事害的！

如果我真的累積了很多壓力，在發生事情當下，我一定會如上面這段文字一樣充滿厭世和抱怨。如果我的家人正好生了重病（擔心），如果我剛好和伴侶有激烈爭吵（憤怒），如果我工作上出了很多紕漏（焦慮），如果主管正要求我做一個我覺得不合理的事（無力），如果我正好到處看房卻發現自己根本買不起（憂愁），如果我正好買了一張股票後就開始狂跌（恐懼），這些壓力都會讓我心力耗竭，以至於沒辦法看見生活中還不錯的部分（感恩），而自動化地選擇一種厭世狀態來面對所發生的人事物。

厭世就像隱形眼鏡戴久了的髒汙，已經不是點眼藥水就可以解決，需要拿下來徹底清洗，才有辦法重新戴上。厭世會讓人無力，這是現代人常有的狀態，其背後來自一種深層的無力感，就像水桶破了一個洞，永遠也裝不滿水。我們都知道要把洞補起來，但常常莫名的就會出現不同的小洞，有別人戳的，也有自己戳的，補得很累就算了，但或許讓水桶的材質變得更堅固一點會是更好的方法。

隨著ＡＩ的快速發展，我們的生活充滿了好多可能，動動手指就能畫出一張圖，隨手就能剪出短影片，把一堆文字丟到 ChatGPT 就能快速整理出重點。這樣方便的生活，讓我們可以有更多時間做自己想做的事，創造更多的可能，照理人們的幸福感應該很充足了，但又好像不是這麼一回事。

世界跑得太快了，不是每個人都跟得上，我們需要不斷地追逐，那些厲害的人充斥在網路上，明明不認識，卻感覺很親近，因為常常接收到某某人買了一棟豪宅、某某人換了一輛特斯拉、某某人又去享受了奢華晚餐、某某人又買到漲翻天的飆股等訊息。不禁納悶，為什麼他們可以而我不行？為什麼他在早午餐店裡打卡，我卻得早起在擁擠的捷運裡痛苦掙扎？我要怎麼做才能跟上這個時代，得到幸福和快樂？

好想抓到一塊浮木，讓我可以在急流中泳渡所有關卡，但這塊浮木到底是什麼？很多人會說當然是錢，只要財富自由，就有時間去做自己想做的事。但大多數時候，人們可能用盡了時間，卻連錢都賺不到，更不用談自由。結果這份重擔與無奈，化成一股厭世的氣息，這看似消極的背後，其實是無聲的嘆息，而我們想要抓住的浮木不止是錢，而是安全感。

你覺得自己厭世嗎？是否曾經覺得「算了，就讓我躺平，什麼都不想努力了」？身為心理師，就算學了好多心理學理論，有專業的諮商輔導訓練，但遇到困難時，也都出現過深深的無力感。厭世只是生活的一部分，更大的一部分是，我們總在困境中找出一些可能，總在快要不行時出現一些機會，可能是一個人、一句話或一本書。躺平時我們依然在呼吸，就像想要賴床到中午的假日，膀胱卻讓我們不得不從被窩裡爬出來尿尿，或是太陽刺眼到得起身拉床簾，而窗外鴿子有時候吵到讓人想要爬起來對牠們大叫，這些都是生活中的小小動力；都躺平了就好好休息，該起來的時候就會起來，對吧？

讓自己更好地應對生活中的困難

便利的數位工具看似節省了很多時間，讓我們可以有更多時間去做其他事，但很多時候其實我們並沒有做些什麼，因為有各種繁雜的事情拉走了我們的專注力，像是開個網頁看影片，或是瀏覽社群媒體、回覆電郵、玩個遊戲，那些原本以為自己多出來可以利用的時間，實際上完全不知道自己到底利用了什麼。

也許你曾在夜深人靜時回想自己一整天到底在忙啥，然後發現，「天啊，我不知道我做了什麼，但就是覺得好累！」說好的約會呢？說好的旅行呢？說好的耍廢呢？到底人生為何而忙？我快樂嗎？網路上的人真的快樂嗎？我可以躺平不動嗎？我是誰？我可以有所作為嗎？又或者問問自己「今天做了什麼有意義的事」，替無力的自己生出一隻手。

社會對成功的定義過於狹隘，讓許多人在追求目標的過程中感到迷失與疲憊。年輕人常感受到身分認同的迷茫，無法確定自己的價值；中年人則因家庭責任與職業壓力，陷入對未來的無力感，再加上新聞媒體過多情緒資訊的滲入，可以喘息的時間愈來愈少，因為選擇愈多，反而讓人更焦慮和不滿足，擔心做錯決定而錯過更好的。

我們可能時常陷入後悔或自責之中，也對自己的選擇有錯誤的期待。那些我們以為賺到的時間，被焦慮、憂鬱、生氣、無力等情緒塞滿。隨著時間推移，這樣的狀態混亂成一團，演變成一種厭世情緒，讓我們躺平卻無法好好休息，更失去了想像美好未來的勇氣。

我曾看過一段很有感的話：

沒有不快樂，也沒有很快樂，好像不該這樣，但是只能這樣，忙起來感覺什麼都不缺，空下來才發現什麼都沒有，很多事其實都很介意，只是習慣笑著說沒事，看不清楚未來，也回不到過去。

這是很真實的狀況，看起來有一點厭世，又好像不會怎樣，但背後所延伸的無力感，有如爛泥般攪在一起占據我們的心力。也許當我們愈來愈能夠理解和接納時，就能更好地應對生活中的困難，找到平衡與滿足感，承接住無力的我們。

接受無力感後更有動力

二〇二五年初，我參加了 CrossFit Open，這是一場全球性的健身測驗，來自世界各地的參賽者都會進行相同的項目，並根據成績進行排名。我還是個新手，但在同學們的激勵下，最終還是鼓起勇氣報名了這場賽事。

在第三週的項目中，有個動作叫做「倒立爬牆」（Wall Walk），就是用手撐在地上，腳往牆上爬的動作。我原本覺得這應該不會太難，賽前幾天還特地看了一些教學影片，甚至提早請同學指導。但到了測驗當下，我突然一點力氣都沒有。看著別人快速完成並跑向下一個動作，我卻一次次地從牆上摔下來。身體很痛，內心也掙扎著是否要放棄，但教練和夥伴不斷鼓勵我，而計時器還在倒數，我只能繼續做下去。

那時的我感受到一股強烈的無力感，我不懂為什麼自己做不到，也不想讓那些為我加油的人失望。不過我本來就是抱持「玩玩看」的心態，所以還是盡力做，累了就躺在地上，笑笑地跟裁判撒嬌說：「吼，我想放棄了啦。」

但回頭想想，如果這是一場對我極其重要的比賽，這份無力感可能讓我的表現更糟，甚至當旁邊的人鼓勵我時，我不僅不會感到被激勵，反而會生出更深的自責與壓力。更不用說，萬一我是個曾受過創傷或正經歷憂鬱症的人，那種「我知道要再加油一點，但就是做不到」的感受，會讓這份無力感變得更沉重。

當我們愈想對抗無力感，它反而變得更強大。而一個能夠被他人鼓舞並真正變更好的人，最重要的就是學會接受自己的無力感，就算只是趴一下也沒關係，等自己準備好了再爬起來。希望本書能成為你趴在地上休息時的那個枕頭，而不是逼著你馬上站起來的聲音。

就在 CrossFit Open 結束後，我明白自己有了新目標，就是我要練好那些我還不會的項目。或許在未來的某一天，當我看到有人和當初的我一樣無力地卡關在這個動作時，我能成為他最好的陪伴，就像陪伴自己走過來的那個自己。

國家圖書館出版品預行編目（CIP）資料

無力感世代：暫停一下又何妨！我只想好好活著 / 王雅涵著.
-- 初版. -- 臺北市：遠流出版事業股份有限公司, 2025.05
面； 公分. --
ISBN 978-626-418-169-3(平裝)

1.CST: 生活指導 2.CST: 自我實現 3.CST: 自我肯定

177.2 114004101

無力感世代

暫停一下又何妨！我只想好好活著

作者 / 王雅涵

主編 / 陳懿文、林孜懃
封面、內頁設計 / 謝佳穎
排版 / 連紫吟、曹任華
行銷企劃 / 鍾曼靈
出版一部總編輯暨總監 / 王明雪

發行人 / 王榮文
出版發行 / 遠流出版事業股份有限公司
地址 / 104005臺北市中山北路一段11號13樓
電話 / (02)2571-0297 傳眞 / (02)2571-0197 郵撥 / 0189456-1
著作權顧問 / 蕭雄淋律師

2025年5月1日 初版一刷
定價 / 新臺幣360元 (缺頁或破損的書，請寄回更換)

ISBN 978-626-418-169-3

遠流博識網 http://www.ylib.com E-mail: ylib@ylib.com
遠流粉絲團 https://www.facebook.com/ylibfans